一看就懂

台灣文化

The Illustrated Encyclopedia Of

Taiwan Culture 新裝珍藏版

生活在這裡，有必要熟悉台灣的文化

　　身為台灣人，如果不懂得台灣文化，即便擁有再大的財富，心靈卻是空虛的。

　　對於遠足出版社自2001年以來所出版有關台灣地理百科系列的書籍，一直是我到書店翻閱的對象；這回卻是承蒙呂執行長的不棄，讓我為這本《一看就懂台灣文化》寫點我的感想和心得。不瞞讀者，我接到書的PDF檔案之後，真是連夜看完，而且就如同書名一樣，一看就懂書中所要表達的內容。

　　也許是恭維，但我仍然不得不要敬佩遠足文化對台灣（文化）的貢獻不遺餘力，即使是眾多出版商為了市場銷售的成本與效益，哀號遍野，遠足文化似乎不計虧損，只要是有關台灣的點點滴滴，都在他們編輯群的努力之下，一本接著一本出版，正說明了他們在編輯各冊書籍背後的崇高理念：「生活在台灣這片土地，怎麼可以不了解台灣文化呢？」想當然爾，生活在這個地理環境上，有必要去熟悉當地的文化。

　　話雖如此，有人提問：請告訴我，什麼是「文化」？答案不一而足，正因為「文化」是一個被現代人經常掛在嘴巴的名詞，但意義相當抽象，也非常複雜，就「文化」的觀念來說，以為能夠具體說得明白，但又極易混淆，也因此，一不留神就備受爭議。正如同你想了解「文化」的定義，打開Google，數秒間可以提供數百個不同的解釋。換個方式來說，從不同的角度來看，便能夠出現相異的說法，但總歸一句，所有的文化表現都是人類活動的產物；也就是說，只有人類才有所謂的文化。最重要的觀念是「文化」沒有貴賤之分，也沒有高級或低級之別。因為文化可以看成是由適應自然和人文環境所產生的，亦即是一群人為了能夠存活而有的活動行為表現。所以，文化便會隨著時間和環境而改變。這麼一來，到底台灣文化有些什麼內容？答案就在書裡邊。

　　這本《一看就懂台灣文化》，全書共分六大章節：包括史前文化、原住民文化、歲時節慶、民間信仰和音樂戲曲，包羅萬象；每個章節明確地將發生在台灣這塊土地上不同時間相異社群的活動，利用圖像繪製和文字書寫表達出來。特別是和我們當下生活周遭息息相關的「歲時節慶」和「民間信仰」內容更勝一籌。事實上，這本書不僅可以作為中小學學生課堂上的補充教材，也可以做為社會大眾茶餘飯後的台灣常識補給品和手邊的工具書；此外，作為介紹給外國人士了解台灣文化的入門也綽綽有餘。因為這本一看就懂台灣文化的內容絕對派得上用場。

　　讀完全書，感受得到遠足文化編輯群花費苦心蒐集各種材料，甚至田野調查。可以預言，當然會有讀者覺得意猶未盡；貼心的，書中也提供了延伸閱讀的參考書目。

中央研究院歷史語言研究所研究員
人類學博士　　李匡悌

一跨頁一主題，呈現台灣的多元文化

　　長期以來，遠足文化出版社用心於台灣文史領域知識的耕耘，將嚴肅的學術研究成果通俗化，又能不失周延地將台灣歷史文化介紹給社會大眾，對各界人文社會科學的普及，有相當的貢獻，本書是在其過去累積的基礎上推出的精華本。

　　本書的特色是以「一跨頁一主題」的方式，圖文並茂地呈現台灣文化的內涵，不僅以淺顯易懂的文字書寫台灣的多元文化，更用簡短的詞條，配以精美的插畫、照片，生動表現本土的文化特色。內容包括原住民的南島文化、華人的歲時節慶、生命禮俗、信仰與祭儀、音樂戲曲等單元，不但可作為中小學「藝術與人文」課程的參考教材，也適合社會大眾閱讀，成為認識台灣文化的科普書。

　　本人從事台灣歷史研究多年，常到各地進行田野踏查，深知台灣社會在現代化與全球化的衝擊下，傳統文化的變遷劇烈，這個過程與現象值得我們關注與深思，因此本人願意推薦本書給大家。

中央研究院台灣史研究所副研究員　洪麗完

目錄

Contents

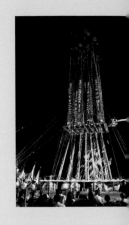

5 民間信仰…108

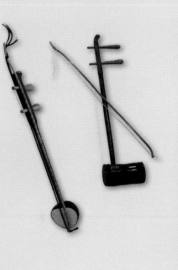

周珊瑢／繪

史前文化

台灣的史前文化根據考古學所發現的遺址，依年代的遠近，可分為舊石器時代晚期、新石器時代早期、新石器時代中期、新石器時代晚期，以及鐵器時代。

▌敲打石器。

舊石器時代晚期

距今約5萬年至1萬年，這時期人類主要以狩獵及採集維生，所以居無定所，人口較少，使用的工具是打製的石器。本時期的遺址以長濱文化為代表。

新石器時代早期

距今約6000年前，這時期人類主要以農耕及馴養動物維生，石器製作出現磨製技術，而且開始使用陶器、編籃及紡織工藝。本時期的遺址以大坌坑文化為代表。

新石器時代中期

距今約4600年至3500年，這時期的農業以種稻及小米為主，沿海地區的遺址出現大量的獸骨、貝塚及魚類。有些遺址發現棺具和陪葬品，顯示已有來生的觀念。本時期的遺址北部以圓山文化、芝山巖文化為代表。

▌打獵。

新石器時代晚期

距今約3500年至2000年，這時期全台各地出現黑陶以及罕見的三足器。生產方式包括農耕、狩獵及漁撈，人口急速成長，出現複雜的喪葬制度、豐富的玉器陪葬品。本時期的遺址東部以卑南文化為代表。

鐵器時代

距今約2000年前，這時期的文化已有煉鐵的技術，居住地包括外島、平地、丘陵及山地，大都定居於河、湖邊或海邊。這一時期的文化與歷史時代相連接，可能是現今台灣原住民的直接祖先。本時期的遺址北部以十三行文化為代表。

▌用陶器煮食。

▌打鐵。

史前文化

臺灣史前文化年表

距今年代	時代	區域					生活方式	自然環境		
		北部	中部	南部	東部	澎湖		主要事件	氣溫	海水面
500 / 1000 / 1500 / 2000	歷史時代 / 鐵器時代	十三行文化	番仔園文化 / 大邱園文化	蔦松文化	龜山文化 / 靜浦文化	漢文化期	種稻種小米狩獵捕魚採貝	製造使用鐵器，石器減少使用，開始與漢人交易		高於今日海面約1公尺
2500 / 3000	新石器時代	植物園文化	營埔文化	大湖文化	卑南文化 / 麒麟文化	素面陶文化期	種稻種小米狩獵捕魚採貝	社會地位分化，工藝技術進步	與今相似	高於今日海面約2~3公尺
3500 / 4000 / 4500		圓山文化 / 芝山巖文化	牛罵頭文化	牛綢子文化	富山文化 / 大坌坑文化	細繩紋陶文化期		稻作農業出現	較今略高	高於今日海面約2公尺
5000 / 5500 / 6000 / 6500		大坌坑文化	大坌坑文化	大坌坑文化	長濱文化	粗繩紋陶文化期	漁獵採集種稻種小米	陶器出現，磨製石器出現，初級農業出現	較今高約攝氏2.5度	高於今日海面約4公尺
7000 / 7500	舊石器（先）陶時代	長濱文化（?）			長濱文化（?）		狩獵採集捕魚採貝			低於今日海面約5公尺
8000 / 8500										低於今日海面約15公尺
9000 / 9500								打製石器，無陶器		低於今日海面約15公尺
10000 / 30000									較今略低	

（資料來源：臧振華，1999）

台灣史前文化博物館

台灣史前文化博物館位在台東卑南的好山、好水之間，是台灣第一座國家級的考古博物館，兼具研究、典藏、展示、教育和遊憩多種功能，提供大眾對於台灣自然生態、史前文化及原住民文化有更多的認識。

▌台灣史前文化博物館正門口。

▌台灣史前史廳。

▌復原後的陶器。

▌台灣南島民族廳。

▌台灣自然史廳。

▌台灣史前文化表。

我們生活在遺址上

▌卑南文化公園遊客中心的卑南史前文化展示館。

卑南文化公園

台灣第一個遺址公園,展示卑南遺址出土
文物與文化現象,發掘歷程與成果;還有
考古現場,讓遊客身歷其境,體驗史前人
類住屋及墓葬遺留的出土過程。

▌卑南文化公園考古遺址現場。

▌卑南文化公園。

▌公園中的卑
南文化少年
會所。

▌卑南文化人的石板棺葬禮儀式展示。

史前與近代生活工具比較

	漁獵具			農具
近代工具	長矛　　　箭　　　鉛網墜			鋤頭　　　斧頭　　　鐮刀
史前器物使用復原	狩獵　　　網魚			墾地　　　伐木
史前時代出土器物	石矛　　石鏃　　石網墜			石鋤　　石斧　　石鐮

史前文化

	木作工具	紡織工具	其他
木杵	鐵鑿子		鐵鎚
收割穀物　舂穀	製作木器	紡線	石錘
石刀　石杵	石錛　石鑿	陶紡輪	石錘

（重繪圖，資料來源：呂理政，夏麗芳，1998）

考古學

考古學是一門研究人類古代的行為、工藝、社會組織、宗教信仰等文化的科學。而研究這些文化面貌的基本分析單位就是考古遺址。

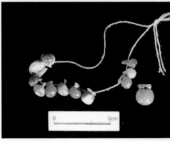

■ 台南三舍遺址考古現場。

考古遺址

考古遺址是指古代人類在地下或地上留存遺物、遺跡及生態遺留的地點。

考古遺物

考古遺物包括古代人們所使用的農、漁、獵等工具。

■ 用綁著繩子的木板拍打未乾的陶面，做出有繩紋裝飾的陶器。

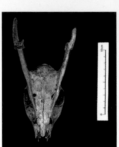

■ 生態遺留：羌頭骨（鳳鼻頭遺址）。

■ 考古遺物：小玉鈴（墾丁史前遺址）。

考古遺跡

考古遺跡是指古代人們所建造的房屋、墓葬、窖穴、水井等。

生態遺留

生態遺留是指古代人們食用後所留下的動、植物的殘留。

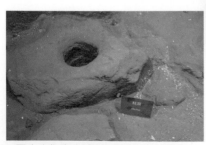

■ 圓山文化考古遺跡：房屋柱洞（複製）。

■ 台南科學工業園區考古文物陳列室。

考古探坑模型。

「考古學是什麼？」展示牌。
（攝於卑南史前文化展示館）

發掘。

測量。

紀錄、繪圖。

宋文薰教授帶領台大考古人類學系學生，進行卑南遺址的搶救考古，前後長達9年，出土的資料豐富而且珍貴，卑南遺址因而成為台灣最具代表的史前遺址之一。

考古目的三部曲

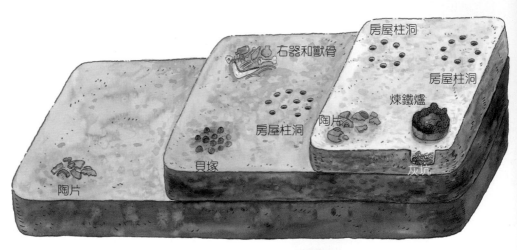

石器和獸骨
房屋柱洞
房屋柱洞
煉鐵爐
陶片
貝塚
房屋柱洞
陶片
灰坑
陶片

第一部：文化史的重建

考古學者發掘古代人類生活的遺跡和遺物，找到一些殘留的器物，如陶片、獸骨和石器，不完整的建築遺跡如柱洞等，作為重建該遺址相關文化發展史的證據。

推測或復原

捕殺鹿隻
房屋
干欄式房屋
捕殺鹿隻
使用陶器
從事農耕活動
狩獵
打鐵
陶器
陶器
用陶器煮食貝類
垃圾堆
種植水稻

自然演化
或是
外來影響?

自然演化
或是
外來影響?

第二部：復原生活方式

考古學者根據發掘出來的遺物或遺跡，推
測或復原當時的生活情形。例如十三行文
化出土的煉鐵爐，可以推測當時已經有打
鐵活動，當時生活進入鐵器時代。

第三部：解釋文化及社會變遷

考古學者從第二部的資料進一步地解釋，
不同文化層之間的變遷有什麼關聯。例如
芝山巖文化、圓山文化、十三行文化之間
的變化，是自然演化的過程，還是受到外
來文化的影響。

長濱文化

長濱文化是舊石器晚期唯一層位脈絡明確的考古遺址，位於台東縣長濱鄉的八仙洞洞穴群。出土器物以石英、石英岩、玉髓、燧石及鐵石英的小型刮削器與刀形器為主。

八仙洞遺址

八仙洞遺址位於台東縣長濱鄉三間村一處面海的集塊岩峭壁上，經長期的地層上升以及海浪拍打，自然形成十數個海蝕洞穴，包括潮音、海雷、乾元及崑崙等

▌靈岩洞是八仙洞之一。

洞。洞穴高低是因為地殼上升，集塊岩逐漸從海面浮出，所以海拔愈高的洞穴，形成的年代愈早。

潮音洞

位在海拔約30公尺的潮音洞，形成的年代最晚。從地層的堆積和出土器物可知，大約2萬多年前舊石器先陶時代到2000年前新石器時代，潮音洞曾有不同時期的不同人群利用過，並留下豐富的文化遺物。

❹
❸

▌位於台東縣長濱鄉的八仙洞遺址位置示意圖。

乾元
朝陽　　　永安　　　崑崙
水濂　　　　　　　海雷
　　　潮音　　　　靈岩　龍舌　　無名
　　地藏　觀音

長濱文化生活復原圖

❶ 用礫石砍器宰殺鹿隻。　　❹ 在海邊捕漁。

❷ 利用石頭打造石器。　　　❺ 用石英質尖器在獸皮上穿孔。

❸ 用礫石石片器殺魚。　　　❻ 撿拾細樹枝。

長濱文化出土的石器與用途

長濱文化出土的礫石石片器

用途想像

切割魚、獸肉

長濱文化出土的礫石砍器

用途想像

砸碎獸骨

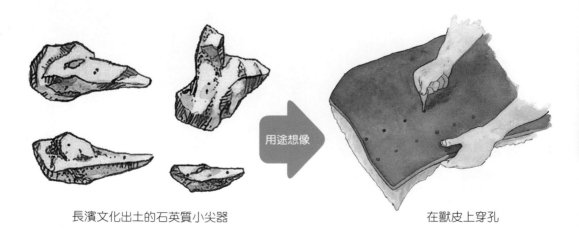

長濱文化出土的石英質小尖器

用途想像

在獸皮上穿孔

後山的寶藏

台灣東部地區位於中央山脈以東，早期屬於番界禁地，直到清末同治13年（1874）開山撫番政策實施後，漢人才大舉移入東部。相對西部而言，台灣東部地區被開發破壞較少，豐富的地下考古寶藏才得以完整地保存。

台東卑南遺址是因為南迴鐵路施工而被搶救發掘出的，出土遺物十分豐碩。

台東都蘭遺址發掘出的石壁是屬於巨石文化遺跡。

花蓮瑞穗地區掃叭遺址的巨石柱。

大坌坑文化

大坌坑文化的命名來自新北市八里大坌坑遺址，年代大約距今7000至5000年間。出土的陶器有方格印紋、繩紋、條紋與灰色、白色及紅色素面陶片，其中以繩紋陶最令人注目。

大坌坑遺址

大坌坑遺址位於台北八里埤頭村的觀音山麓，遺址包含了繩紋陶文化層、圓山文化層、凱達格蘭及近代文化層等多元文化層，因而許多學者認為大坌坑文化是台灣新石器時代最古老的史前文化，更與台灣南島民族祖先有關聯。

從十三行博物館遠眺大坌坑遺址。

繩紋陶製作

大坌坑文化的陶器通稱粗繩紋陶，多為手製，含砂、質地鬆軟，顏色呈紅褐色。外型方面，通常只有缽、罐兩種。

大坌坑文化人製造陶器。

大坌坑文化生活復原圖

❶ 大坌坑人利用樹皮製造粗布。
❷ 揉土用來製造陶器。
❸ 婦人用綁著粗繩的木器拍打陶器，做出繩紋裝飾。
❹ 把陶罐陰乾。
❺ 把陶土加水加沙和成一團。
❻ 露天用柴火燒製陶器。
❼ 有山田燒墾的農作活動。

大坌坑文化人製陶過程圖

▌大坌坑文化人製陶工作。

採陶土

加水、加沙子

揉土

搓成泥條

用手捏小碗或
是小容器

用泥條盤築法，
做較大的陶器

再用墊石和繩紋棒
拍整陶器內外面

用手將泥條容器
的外觀捏平

再用墊石和繩紋棒
拍整陶器外壁

在陶器刻劃紋飾

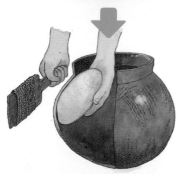

（重繪圖，資料來源：呂理政‧夏麗芳，1998）

樹皮布製造過程圖

大坌坑遺址發現樹皮布打棒，推測當時已經有樹皮布。

用石器切開樹皮

剝樹皮

▌穿著樹披衣的原住民。

用樹皮布打棒敲打樹皮

▌石打棒。

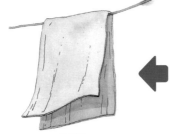

晾乾

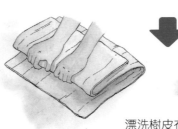

漂洗樹皮布

(重繪圖，資料來源：呂理政・夏麗芳，1998)

陰乾

露天燒製陶器

繩紋陶器完成品

圓山文化

圓山文化分布在淡水河兩岸和新店溪下游的河階地，年代大約距今4500至2500年，從新石器時代中期延續到晚期。

圓山文化生活方式

圓山文化的居民生活在台北湖的周圍，以漁獵和農耕為主，在水中捕魚、撈貝，在山野狩獵鹿、豬等。大量石製農具的出土，以及出土物發現有稻米等種子植物，顯示當時的農業活動相當活躍。

圓山文化人吃食貝類。

圓山文化出土器物

圓山文化的主要特徵為富有區域性色彩的陶器、石器、骨角器、玉器。玉器包括玉鑿、玉玦、玉珮、玉環、管珠等，其中以人獸形玉玦最具特色。

圓山遺址有肩石斧。

圓山遺址雙口陶罐。

圓山文化生活復原圖

❶ 圓山文化人在陸地上狩獵。
❷ 利用骨魚叉射魚。
❸ 放火燒林，開墾農田，有初步的農耕生活。

❹ 製作樹皮衣。
❺ 居住在干欄式房屋。
❻ 利用石器收割。
❼ 用石杵舂米。
❽ 用漁網捕魚。

❾ 用陶罐、三足器煮貝類。
❿ 吃過的貝殼堆砌成小貝塚。
⓫ 用陶罐盛水。
⓬ 利用長矛刺魚。
⓭ 撿拾貝類。

▮ 圓山遺址的
陶支腳。

圓山遺址

圓山遺址分布在台北市立兒童育樂中心周圍，1897年被日本學者所發現，並發現大面積的貝塚的存在，因此有「圓山貝塚」之稱。

圓山遺址剖面圖

圓山遺址模型。

圓山貝塚。

圓山遺址出土的陶罐口（左）和蓋紐（右）。

現代層

圓山文化層

繩紋陶文化層

圓山文化的石器

有肩石斧。

網墜。

石鏃。

圓山文化的玉器

人獸形玉玦　　玉玦

玉錛　　玉玦　　玉玦

魚骨叉。

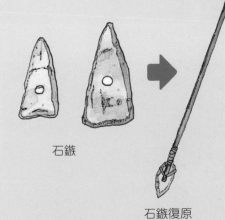
石鏃　　　　　　石鏃復原

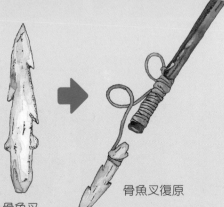
骨魚叉　　骨魚叉復原

芝山巖文化

芝山巖文化的年代推測距今3400至3000年。芝山巖遺址在台北湖時期為一座孤立的小山，山頂平坦，許多史前人類在此棲息與活動。當時已經熟悉稻作，並且盛行打獵及漁撈活動。出土物有罕見的農耕木器－掘棍。

芝山巖文化的陶器

芝山巖出土陶器主要是黑彩，少數是橙紅色。紋飾多要是數條平行線組合，器型包括罐形器、盆形器，並有獨特的帶紐器。

多文化層的遺址

芝山巖遺址挖掘出多個文化層，包括舊石器時代晚期文化、芝山巖文期、圓山文化、圓山文化植物園期、十三行文化以及清代漢人文化等遺址，出土的遺物也相當豐富。

▋芝山巖遺址陶罐。

▋芝山巖遺址出土的彩陶。

▋芝山巖彩陶複製品。

芝山巖文化的石器

石錘　　　網墜　　　石鑿　　　石斧　　　石杵

▋芝山巖文化遺址考古探坑展示館。

台北市植物園布政使文物館內植物園遺址展示區。

植物園文化

植物園文化分布在台北盆地南部、大漢溪西岸地區，距今2500至1800年，大約是圓山文化晚期。出土有大型農具，推論當時生活方式以農耕為主。

植物園遺址出土的方格印紋陶罐(左圖)、繩紋陶罐(右圖)。

芝山公園的考古探坑展示館內有芝山巖遺址多文化層探坑。

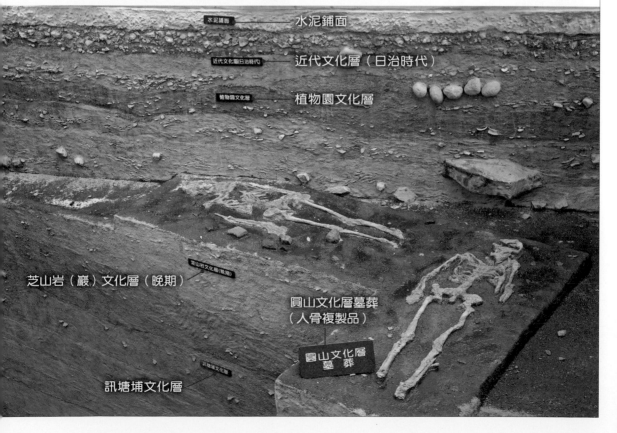

水泥鋪面　水泥鋪面

近代文化層(日治時代)　近代文化層（日治時代）

植物園文化層　植物園文化層

芝山岩文化層(晚期)　芝山岩（巖）文化層（晚期）

圓山文化層墓葬(人骨複製品)　圓山文化層墓葬（人骨複製品）

圓山文化層墓葬

訊塘埔文化層　訊塘埔文化層

台北湖時代

距今約1萬年的更新世晚期，地球氣溫上升，海平面上升，海水從關渡附近灌進台北盆地，形成一個湖泊，稱為「圓山貝塚期台北湖」。這時，史前人退居到圓山或芝山巖一帶的小島或半島，過著農耕與狩獵的生活。

台北湖時期芝山岩曾經是湖中小島。

台北湖松山層（距今6000年前）的牡蠣（圖左）長40公分，重1860公克，重量是現代蚵（圖右）的62倍。

台北湖時代演變示意圖

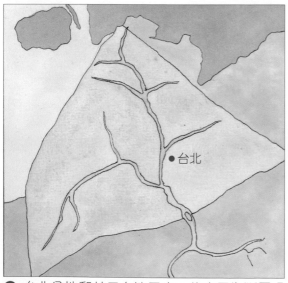

❶ 台北盆地和林口台地同高；後來因為斷層現象而形成台北盆地。

❷ 1萬年前，地球溫度上升，海水灌入台北盆地形成鹹水湖。

▌今日的台北關渡平原。

（重繪圖，資料來源：黃士強，1984）

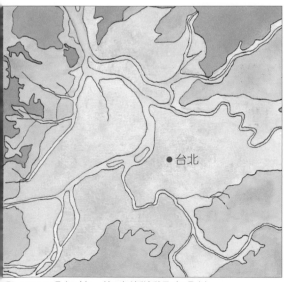

❸ 5000多年前，海水漸漸退出盆地。

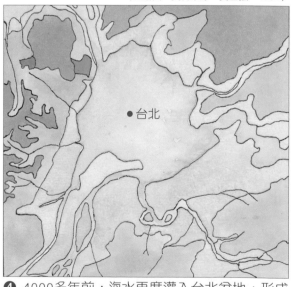

❹ 4000多年前，海水再度灌入台北盆地，形成一個淡水與鹹水交錯的湖泊，稱為「圓山貝塚期台北湖」。

卑南文化

卑南文化的年代距今約3500至2000年，出土遺物有精緻而多樣的
玉器、豐富的陶器、大量的石器，而且男女都有拔牙的習俗。

卑南遺址

台東縣卑南遺址是其中最有名的，面積超
過30萬平方公尺，是龐大的史前聚落和墓
葬區，主要分布於東部海岸山脈和花東縱
谷南段的河階、海階和山區的緩坡地。

卑南文化葬
禮儀式。

石板棺

卑南遺址出土一千多個石板棺，石板棺是
用板岩做成。當時卑南文化人可能將石板
棺葬在室內，棺內發現豐富的陪葬玉質的
頭飾、耳飾、頸飾、胸飾，以及箭頭、矛
頭、錛鑿器等。

石板棺。

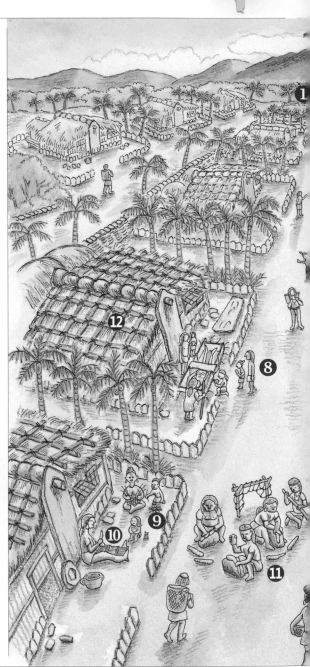

卑南文化生活復原圖

① 卑南人過著大型聚落的生活方式。

② 村落中設置瞭望台。

③ 獨木舟。

④ 飼養雞禽。

⑤ 舂米。

⑥ 製做陶器。

⑦ 宰殺鹿隻。

⑧ 將死者安放在石板棺中，腳朝向都蘭山。

動物陶偶

⑨ 編織竹器。

⑩ 織布。

⑪ 打磨製作石器。

⑫ 穀倉。

史前文化

卑南文化人的生活
（攝於卑南史前文化展示館）

▌拔牙習俗。

▌石板棺喪禮。

▌玉耳飾。

▌卑南文化人家族。

卑南文化陶容器圖

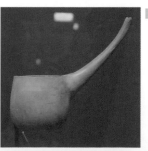

▌勺形陶器。

▌瓶形陶器。

麒麟文化

麒麟文化在年代上與卑南文化同時，距今約3500至2000年，遺址多分布在沿海岸山脈東側山麓邊緣。遺物有岩棺、岩壁、大石柱、有肩及有槽單石、石像及有孔石盤（石輪）等，故又稱為「巨石文化」。

■ 有肩單石。

■ 有槽單石。

麒麟文化出土的岩棺

東海岸出土的岩棺，大多用一整塊岩石打造成長方形石槽。從大小形制來看，一般認為是棺具，但是有些石槽底部有流水口，所以有人認為是儲水槽。

貓公

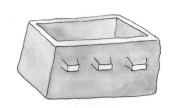
新社

都蘭

白守蓮1

白守蓮2

白守蓮3

麒麟

（重繪圖，資料來源：呂理政‧夏麗芳，1998）

■ 岩棺（花蓮宮下遺址）。

■ 岩棺（台東都蘭遺址）。

十三行文化

十三行文化的主要遺址有新北市八里、小基隆、台北市西新莊子、社子等，年代大約1800至500年。十三行文化被認為可能是凱達格蘭平埔族的前身，其生活型態已經和近代原住民族相同。

務農生活

十三行文化當時居民主要以務農為主，農作物包含稻米、芋頭等；同時也會採集貝類和捕抓魚類，並且狩獵鹿、豬、羌、羊等野生動物。穿著類似泰雅族的黑白紅色服裝，居住在干欄式房屋。

▋十三行文化出土的石器（圖左）、鐵器（右下）與獸骨（右上）。

煉鐵和貿易

由出土的煉鐵爐可知，十三行文化時期具有製鐵的技術，十三行文化遺物還包括唐宋古錢及瓷器，說明居民已與中國東南沿海的漁民進行商品的貿易。

▋青銅刀柄。

十三行文化生活復原圖

❶ 十三行人打製鐵器，製作
　　生活用具。
❷ 居住干欄式房屋。
❸ 狩獵山豬。
❹ 撿拾貝類。

❺ 和漢人進行物品交易。
❻ 用陶器煮食魚類和貝類。
❼ 將食物殘渣集中倒入垃圾坑。
❽ 瞭望台。

十三行人打鐵過程

❶ 從海邊採挖鐵砂，並揀拾木材或煤炭作煉鐵燃料。

❷ 用泥土、石頭堆砌煉鐵爐，將鐵砂和燃料放入爐中。再用自然通風或是風箱鼓風的方式，提高爐中溫度，讓鐵砂融化。

❸ 取出含鐵渣的熟鐵塊，用石錘反覆敲打，去除渣子。

❹ 將熟鐵加熱燒紅，再鍛打製成各種鐵器。

┃十三行遺址出土的鐵渣。

┃十三行遺址出土的鐵器。

十三行博物館

十三行遺址是國定古蹟，為保存出
土文物而籌建，是北台灣唯一以
考古為主題的博物館—十三行博
物館。館內展出十三行遺址發掘的
經過、出土文物、聚落及社會生活
等，以及八里地區百年來歷史與地
理環境的變遷。

┃考古探坑工作模型。

┃人面陶罐。

┃十三行文化人家庭。

┃人形陶偶。

周珊瑢／繪

台灣原住民族

位於亞洲太平洋的台灣，居住著各種族群；其中原住民族約有50萬人，約佔總人口數的2％，分布全台各地，高山、平原和離島都有原住民部落。

原住民文化

台灣的原住民族有：阿美族、泰雅族、排灣族、布農族、卑南族、魯凱族、鄒族、賽夏族、雅美族、邵族、噶瑪蘭族、太魯閣族、撒奇萊雅族及賽德克族等等。各族群都擁有自己獨特的文化、語言、風俗習慣及社會結構，是台灣歷史的重要根源，也形成了豐富而多元的台灣。

南島語族

世界上講南島語的族群，通稱為「南島語族」，人數很多，分布範圍十分廣泛；從台灣以南，西至印度洋上的馬達加斯加島，東至太平洋上的復活島，南至紐西蘭。台灣的原住民屬於南島語族（Austronesian），在社會文化則是馬來/玻里尼西亞系統。

南島語族分布圖

原住民文化

台灣原住民分布圖

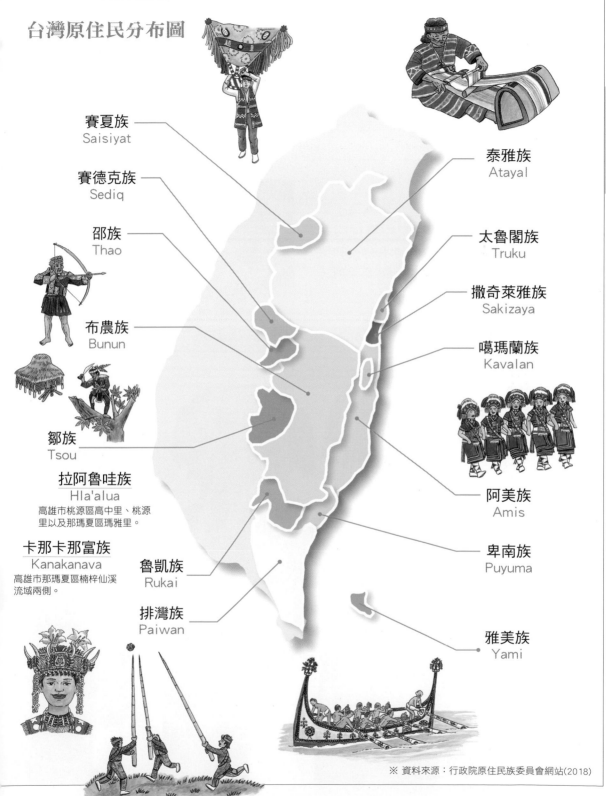

賽夏族
Saisiyat

賽德克族
Sediq

邵族
Thao

布農族
Bunun

鄒族
Tsou

拉阿魯哇族
Hla'alua
高雄市桃源區高中里、桃源
里以及那瑪夏區瑪雅里。

卡那卡那富族
Kanakanava
高雄市那瑪夏區楠梓仙溪
流域兩側。

魯凱族
Rukai

排灣族
Paiwan

泰雅族
Atayal

太魯閣族
Truku

撒奇萊雅族
Sakizaya

噶瑪蘭族
Kavalan

阿美族
Amis

卑南族
Puyuma

雅美族
Yami

※ 資料來源：行政院原住民族委員會網站 (2018)

阿美族

阿美族是台灣人口最多的原住民族，分佈在中央山脈東側，立霧溪以南，太平洋沿岸的花東縱谷及東海岸平原，大部份居住於平地，只有極少數居於山谷中。

阿美族籐編器具。

豐年祭

每年七月的阿美族豐年祭，是族人為了歡慶小米豐收、祭祀神靈祖先所舉行的祭典，並負有教育男子成年，傳承薪火的慎重意義。部分部落並藉著牽手禮等活動，撮合適婚男女。

阿美族豐年祭。

捕魚祭

阿美族對於海是又敬又畏，每年五月間稻出穗時節，花蓮的阿美族港口部落會舉行捕魚祭，祭祀海神，祈求漁獲豐收。

阿美服飾

女子以紅色及黑色為主要色系，男子則以藍色上衣、黑色短裙或紅色綁腿褲為主要裝扮。

阿美族傳統歌舞。

阿美族家屋。

爐灶

傳統阿美族家屋的內部空間。

海祭

住在海邊的阿美族人，豐年祭前多會舉行海神祭祀儀式，各年齡階層的男子分別下水捕魚，並負責煮食工作。阿美族長輩藉由捕魚，教導後輩了解及尊重自然，傳授生活經驗。

母系社會

蒸鍋陶器。

傳統阿美族社會是母系社會，家裡大小事情都由女主人作決定。部落性的政治事務或捕魚、建屋等活動才是男子的工作。

年齡階級制度

阿美族社會有嚴密的、終身的年齡階級組織，男子在十三、四歲起，以二至五歲為一個階級，同一階級的男孩一起學習、生活、工作，遇有獎勵或處罰也是以一個階級為單位。每個階級有專屬的名稱、歌謠及工作，連結成一個完整的部落組織。

家屋

阿美族家屋（loma'）的含意除了房屋的實體建築外，還包括建立爐灶（parod）和住有家人的意義。爐灶是家人煮飯、取暖、作息與團聚的地方，也是家屋的重心，象徵著家庭的生命泉源。

石頭火鍋

石頭火鍋是阿美族煮熟食物的方法之一。先將石頭放在火堆上燒熱，在容器內裝滿清水並放入魚蝦、貝類等食物，再將燒燙的石頭放入容器，讓水快速沸騰而煮熟食物。

石頭火鍋。

泰雅族

泰雅族是台灣分布最廣的原住民，主要散布在台灣中、北、東部山區。

祖靈祭

每年六、七月是泰雅族祖靈祭的時節，這段時間族人遵守不碰刀針、麻線等器物的禁忌。祭祀前一天，每戶人家都要清理爐火，重新換火，到祭典結束前，火苗都不可熄滅。祭祀當天，子孫準備小米糕、酒、獸肉等祭品，呼喊祖靈前來享用，感謝祖靈一年來的庇佑。

部落頭目

泰雅族是個平權的社會，由有才智，有領導力的人擔任部落頭目。部落有重大事情時，由頭目召集長老會議做決定。

▌祖靈眼睛雕像。

泰雅服飾

泰雅族的織布技術發達，技巧繁複、花色精巧，因為紅色象徵血液，有生命力，又可以避邪，所以泰雅族人喜好紅色服飾。

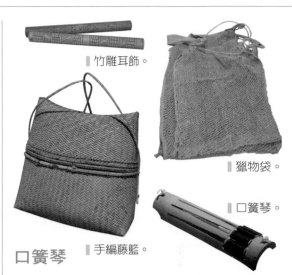
▌竹雕耳飾。

▌獵物袋。

▌口簧琴。

▌手編藤籃。

口簧琴

口簧琴是以前泰雅族少男少女表達愛意的樂器。口簧琴是由小竹片和黃銅薄片做成，左手將竹片固定在嘴邊，右手拉繩彈撥，發出嗡嗡的泛音。

▌泰雅族少女拉奏口簧琴。

紋面

泰雅族以面部刺紋聞名。男子必須具備狩獵、出草等技能後，才有資格在額頭、下顎等部位刺墨，是成年的象徵；女性則代表織布技藝熟練才可以紋面。

▌泰雅族豐年祭。

▌泰雅男子紋面多是表彰其擁有狩獵技能。

▌紋面多選在涼爽的秋冬時期，由品德良好的專職婦女擔任。

足蹬式織布機

台灣原住民普遍使用的傳統織布機，使用時先將藤編的長條固定帶兩端綁在夾布軸，固定帶圍在編織者的腰部。編織者水平坐正、雙腳伸直，適度調整與末端經紗軸的距離，以便紡織工作。

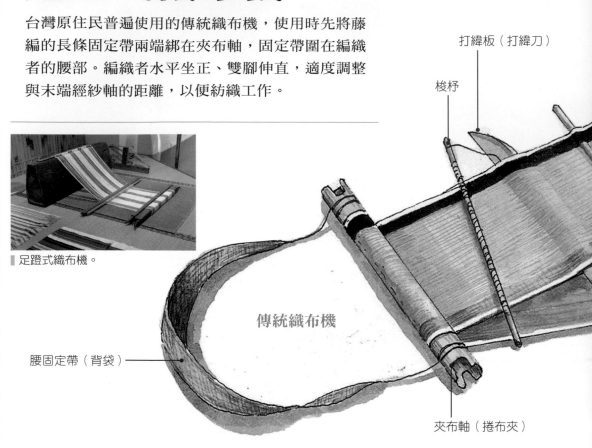

■ 足蹬式織布機。

打緯板（打緯刀）

梭杼

傳統織布機

腰固定帶（背袋）

夾布軸（捲布夾）

■ 泰雅族的藤編有多種編法。

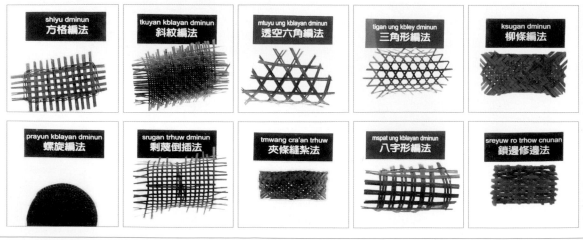

shiyu dminun
方格編法

tkuyan kblayan dminun
斜紋編法

mtuyu ung kblayan dminun
透空六角編法

tigan ung kbley dminun
三角形編法

ksugan dminun
柳條編法

prayun kblayan dminun
螺旋編法

srugan trhuw dminun
剝菱倒插法

tmwang cra'an trhuw
夾條縫紮法

mspat ung kblayan dminun
八字形編法

sreyuw ro trhow cnunan
鎖邊修邊法

綜絖棒

順紗弓形棒

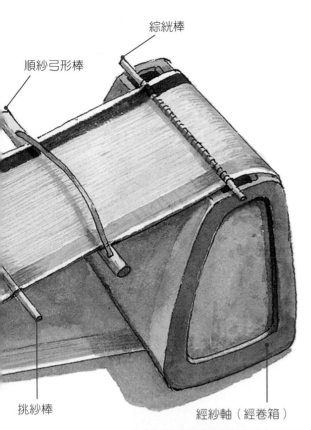

挑紗棒

經紗軸（經卷箱）

泰雅傳統織布

舊時泰雅製作衣物的原料是就地取材，使用大多是動物皮和植物；苧麻是當時很容易取得的物料，所以成為最常見的泰雅族傳統織布原料。傳統織布得從認識苧麻、種植苧麻、抽絲、捻線、染色、捆線、整經、織布到裁剪成衣。這些工作必需耗時多年，而且需要巧藝，所以早期會織布女子，總是泰雅勇士鍥而不捨的追求對象。

▌苧麻（右）與麻線（左）。

▌早期泰雅族婦女使用足蹬式織布機織布照片。

邵族

邵族分布於南投縣魚池鄉及水里鄉，大部分邵族人居住日月潭畔的日月村，少部分原屬頭社系統的邵人，則住在水里鄉頂崁村的大平林。

邵族白鹿傳說

相傳邵族祖先原本住在阿里山，為了追捕大白鹿，意外發現日月潭，覺得這地方土地肥沃、適合人居而舉族遷移到此定居。

先生媽

邵族的祭師稱為「先生媽」，由多位女性擔任先生媽在邵族的社會中是受人敬重的。邵族人的重要祭儀、新居落成、生病醫治的時候，都請先生媽負責和祖靈溝通與主持祭儀的進行。

拜鰻祭

「拜鰻祭」是邵族由狩獵文化轉為漁撈文化的見證，在農曆七月初三舉行，過去以活鰻魚祭拜，現在則以糯米做的白鰻作為祭品。拜鰻祭是請祖靈保佑子孫。

▌邵族的祭師──先生媽。

原住民文化

邵族杵音。

杵音

杵音是數人各拿一根舂米的木杵,圍著地面的石塊,規律地敲擊石塊,發出節奏分明、美妙悅耳的樂章。台灣原住民族中,邵族、布農族有杵音,通常要在祭典時才能聽到。

杵棒。

邵族服飾

男子服飾色彩以褐、藍、灰及黑色為多,頭飾以鹿或兔皮帽為主。女子以布條或黑布為底做成額飾,額飾上縫亮片與珍珠且在耳鬢有小珠子流蘇掛。

豐年祭

農曆八月是邵族的新年,粟稻收割完成,全族慶祝豐收。豐年祭前一天晚上,邵族人開始舂杵音,之後舉行搭建祖靈屋、祭拜祖靈、吟唱歌謠、少年鑿齒的成年禮儀式等,祭典有時長達一個月。

先生媽籃。

弓琴。

日治時期日月潭邵族獨木舟和捕魚作業。

賽夏族

賽夏族居住於新竹縣與苗栗縣交界的山區，分為南、北兩大族群。南賽夏居住於苗栗縣南庄鄉與獅潭鄉，北賽夏居住於新竹縣五峰鄉。

賽夏族傳統服飾。

矮靈祭

兩年一次的矮靈祭，是賽夏族最重要的儀式，賽夏人稱為「巴斯答愛」，時間在農曆十月。相傳古代矮人教導賽夏族耕作，每當作物豐收時會邀請矮人前來飲酒作樂，但矮人喜歡調戲賽夏婦女，族人憤怒之餘，設計將所有矮人殺死，從此災禍頻傳，於是賽夏人舉行矮靈祭，祈求矮靈不要再生氣降禍。

麻斯巴絡祭

賽夏族女兒和女婿事業有成，且已生兒育女，並且計畫不再生育時，會準備牲禮回娘家祭祀祖靈，也是親朋好友團聚的特殊生命禮俗。

賽夏服飾

賽夏族的男女大都穿著長及小腿的無袖外敞衣，再加上無袖短上衣一件，顏色以紅、白兩色為主。

姓氏旗

賽夏族有多個氏族，每個氏族都有自己的象徵圖騰，多與自然現象或是動植物有關。矮靈祭時，各姓氏會手持姓氏旗參加祭典。

賽夏族矮靈祭姓氏旗。

原住民文化

▌苗栗南庄賽夏族矮靈祭。

摘芒草

賽夏族人深信芒草是辟邪的工具。矮靈祭尾聲，各氏族的青年代表必須奮力摘下綁在榛樹枝上的芒草，然後把它丟棄，代表正式送走矮靈。

▌賽夏族臀鈴。

臀鈴

矮靈祭中唯一的樂器是揹在身後的臀鈴，在嵌有鏡子及圖案的布包下方，縫上數排由雞母珠、竹管、銅管或鈴鐺所組成的串鈴，會隨著舞步晃動，發出清脆的聲音。

▌矮靈祭中摘芒草活動。

鄒族

鄒族分為北鄒和南鄒。北鄒居住於嘉義阿里山，有達邦和特富野兩大社。南鄒居住於高雄那瑪夏和桃源。

社會組織

鄒族的社會組織是以父系氏族構成，而定居在一個地區的地域團體，其中心部落稱為大社，以會所為組織中心；自大社移民到新開拓地區，建立殖民部落即為小社。

男子會所

鄒族的男子會所稱為Kuba（庫巴），位於部落中央，是鄒族舉行祭典節慶的重地、長老會議的場所，也是青年男子結婚前的宿舍，以及出征狩獵的集散場所。女性不能觸摸或是踏登。

▌鄒族木盾牌。

▌鄒族皮袋。

▌鄒族戰祭。

▌鄒族男子會所。

庫巴建築

男子會所是一幢干欄式、無壁的建築。屋頂鋪覆茅草，以直徑20公分左右的圓木為柱，中間兩根為中柱、下設火塘，是會所最重要的空間。

鄒族人舉行射箭競技。

鄒族服飾

男子盛裝的打扮為紅色的長袖上衣、胸衣與遮陰布加上山羌皮帽。女子以頭巾纏髮，黑裙、藍色長袖上衣、刺繡精美圖案的胸衣為主。

戰祭

鄒族祭典有播種祭、收成祭以及戰祭等，其中一年一度的戰祭（Mayasvi），在男子會所前廣場舉辦，是很莊嚴肅穆的祭典儀式。儀式的目的不但紀念過去可歌可泣的戰爭，同時祝禱未來戰爭的勝利，消弭不幸、災難和疾病。戰祭儀式包括整修會所、修砍神樹、迎靈、娛靈、送靈等繁複過程，其中祭典音樂、歌舞受人稱道。

部落會議

鄒族部落以長老會議為首，長老會議中最大氏族的長老為頭目，是部落會議的召集人，一切重要部落事務皆由部落會議來通過決定。部落會議決定的命令則由各氏族的族人來執行。

排灣族

排灣族以台灣南部為活動區域,北起
大武山地,南達屏東恆春,西自隘
寮,東到台東的太麻里以南海岸。

▌排灣帽徽。

四種社會階級

排灣族是個階級分明的族群,社會階級分
為頭目、貴族、勇士、平民四個階級,各
家族的階級是由長子或長女來承繼。
傳統的貴族頭目是各部落的政治、軍
事,甚至宗教領袖,一個獨立的自治
單位。

▌配刀木雕。

▌占卜甕。

▌排灣族頭目家族合影。

▌台東排灣族五年祭。

原住民文化

五年祭的由來

排灣族祭典有五年祭、毛蟹祭、祖靈祭、豐年祭等。每五年舉行一次五年祭，又稱竹竿祭，是排灣族最重要的祭典。傳說排灣祖先因為遭遇荒年，將七名子女分散各自謀生，但是約定每五年，長者要持竹竿，帶領全族大小回家團聚，同時舉行祭祖儀式。

五年祭儀式

五年祭儀式包括迎靈、召請祖靈、宴請祖靈、刺球活動、送祖靈等程序。刺球活動是五年祭的重頭戲，在圓形的刺球場上，祭司將球拋向天空，刺球勇士們操縱十幾公尺長的竹竿，爭相刺球，刺中的人會為家族帶來好運。

舊筏灣排灣人吹奏鼻笛。

鼻笛

鼻笛顧名思義就是以鼻子來吹奏的直笛，它是用細竹管所製成，是排灣族男人的專屬樂器，可以對心儀的女子傳達情意。

排灣服飾

排灣族服飾上刺繡著祖靈像、人頭紋、百步蛇紋、太陽紋等豐富圖象，堪稱是原住民當中最為華麗典雅的服飾。

刺球

刺球用藤球的是以相思樹皮及葛藤編製而成，每顆球各有其意涵，如豐收、健康、幸福、財富等。刺藤球是五年祭的重頭戲，分二天舉行，由成年男子參加，第一天是祈福，第二天則是卜算命運；不過，現在的五年祭，已成為族人慶祝團聚的活動，歡樂氣氛大過問卜的意義。

排灣男子服飾。

排灣藝術

排灣族是個熱愛藝術的族群，木雕是族人的日常消遣，陶壺是頭目家族權勢與財富的象徵，琉璃珠是男女老少都喜愛的珍寶。

▌排灣陶壺。

▌占卜箱。

▌屏風木雕。

▌排灣族當代雕刻。

陶壺、木雕

傳統的陶壺雕塑及樑柱木雕，以百步蛇紋及人頭紋象徵貴族的崇高地位。

▌連杯木雕。

琉璃珠

色彩豐富的琉璃珠又稱「蜻蛉珠」，常和青銅刀、古陶壺合稱為「排灣三寶」，是排灣貴族階級視為無上珍貴的家傳寶物，也是社會權勢的象徵。

▌琉璃珠環帶。

▌排灣族琉璃珠。

▌排灣祖靈屋中的祖靈柱。

祖靈柱

在排灣、魯凱族的雕刻藝術中，以祖靈柱最為重要，它是每戶人家的守護神，尤其是貴族、頭目家的更是豐美，每個圖樣都有故事，述說始祖起源、家族沿革等。

布農族

布農族是典型的高山族群，居住在中央山脈海拔1000至2000公尺的山區，範圍以南投縣境為主，廣及高雄那瑪夏和台東海端。

社會組織

布農族是以父系大家族為主，家中可能包括非血緣的人，所以傳統布農家屋都建蓋的比較大，以容納較多的同居人口。

八部合音

布農族的聚落多沿溪流而建蓋，居家較為疏遠，所以經常用歌聲呼朋引伴，並且發展出獨特的八部合音合唱技巧，被視為民族音樂的珍寶，蜚聲國際。

▌台東布農族打耳祭中男子射箭。

▌台東布農部落表演八部合音。

▌布農部落的木雕。

木刻畫曆

木刻畫曆是布農族記載年中行事的方法，每個符號都有其代表意義，詳細說明每項祭儀活動的行事準則，提醒族人何時該做哪一項祭儀。

| 1 2 3 4 5 6 | 1 2 3 4 5 6 7 8 9 10 11 12 13 14 15 | 1 2 | 1 2 3 4 |
| 開墾祭 (10〜11月) | 小米播種祭 (11〜12月) | 小米收穫祭 (6〜7月) | 除草祭 (3月) |

原住民文化

台東布農族打耳祭。

打耳祭

布農族是善射的獵人,每年四月左右舉行的「打耳祭」是布農部落裡隆重的祭典,也是布農男子成長階段中重要的生命儀式。打耳祭前,布農族男子上山打獵,婦女在家釀酒。祭典當日,布農族男子輪流射耳,長老率先射耳,每人一次,而且必須射中,否則不吉。打耳祭的祭品是獵物的耳朵,其中以鹿耳最佳。

布農服飾

布農族男子服飾有兩種:祭典時穿著以白色為底,背後織上美麗花紋的無袖外敞衣,搭配胸衣及遮陰布;另一種是以黑、藍色為底的長袖上衣,搭配黑色短裙。在女子服飾是以漢人形式為主,藍、黑色為主色,在胸前斜織色鮮圖豔的織紋,裙子亦以藍、黑色為主。

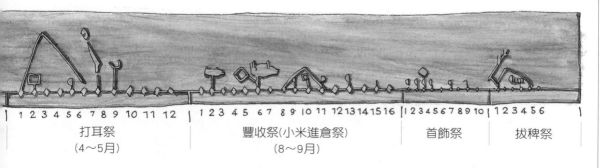

1 2 3 4 5 6 7 8 9 10 11 12	1 2 3 4 5 6 7 8 9 10 11 12 13 14 15 16	1 2 3 4 5 6 7 8 9 10	1 2 3 4 5 6
打耳祭 (4～5月)	豐收祭(小米進倉祭) (8～9月)	首飾祭	拔稗祭

建造石板屋

石板屋是取材自板岩、頁岩等黑色石材的建築物，具有冬暖夏涼的優點。台灣原住民族中，排灣、魯凱、布農族都有石板屋。

石板屋建造過程

1. 挑選石板
到河床或山壁找尋堅硬密實的石板，做為石板屋的主要石材。

4. 堆砌牆壁
先堆砌兩側牆壁，再堆砌後牆，形成ㄇ字形。

5. 鋪設地面、搭建正牆
將石板鋪在地面，並立起祖靈柱，然後規劃室內空間，包括床位、爐口、置物區等，最後搭建正面門窗及牆壁。

2. 開採石板

　利用板釘、槌子等工具，順著板岩、頁岩的紋路，
選定數點下釘敲擊，讓岩石板裂成片狀石板。

3. 搬運石板

　族人利用每天耕作完畢順道把石
板搬回；如果急於建屋或石板過
大時，便請族人以藤為繩，以木
為擔，合力搬運。

6. 搭建屋頂

　先橫放木樑於側牆上，木
樑上排列木板，再將石板
從屋簷由下往上堆疊，愈
往上處，石板愈小。

▌排灣族石板家屋。

石板家屋

原住民族傳統住屋使用的材料大都就地域環境而不同，大多數以石板為主要材料，傳統布農族住屋的兩側及後牆通常不開窗口，因為窗戶少可以防止毒蛇猛獸的侵入，發生戰爭時也較不容易被敵人攻破。

內部格局

家屋的內部格局大都是，大門設置在前面中央，進入大門的左右兩側設置床鋪，最後面是穀倉，在床鋪及穀倉中間，通常形成細長的走廊空間，是作為日常起居生活的空間。

爐灶

布農家屋中，通常在左右側牆各有一個爐灶，左爐煮食給人吃，右爐煮食給豬隻家畜吃。以灶為中心的空間是家人進行祭儀、用餐、閒聊的場所。

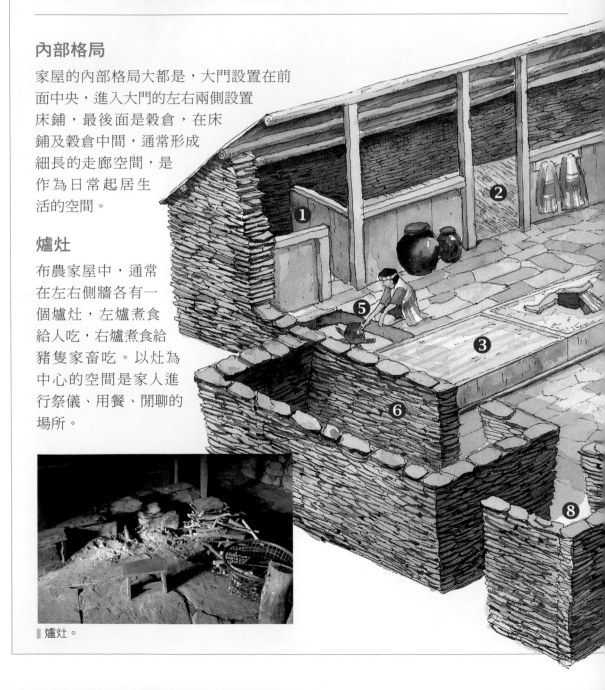

▌爐灶。

❶ 儲藏室　❻ 工作室
❷ 小米倉　❼ 大門入口
❸ 寢床　　❽ 儲藏室
❹ 附屬屋　❾ 前院
❺ 爐灶　　❿ 雞舍

牆壁

家屋牆壁是用石板疊成，房屋後面常緊依著山坡，或石砌高台，屋頂坡度平緩，採用石板、木板、檜皮、茅草等材料作為蓋頂。

東魯凱族石板屋。

魯凱族

魯凱族有三大社群，大南社群居住在台東
卑南，魯凱亞族住在屏東霧台，下三社群
則居住在高雄茂林。

陶壺祖先

傳說魯凱族的祖先是來自大鬼湖的一個陶
壺，壺裡有兩個蛋，在
太陽每天照射下，兩個
蛋終於破裂而誕生出
一對兄妹，這對兄
妹長大結婚、生兒
育女，成為魯凱族的
祖先。

▌陰陽甕。

貴族與平民

魯凱族傳統社會組織分為貴族與平民，貴
族享有神話上血緣的優越性和土地所有權
的經濟特權；平民則以發展領導力，農產
量或通婚等方法來提昇自己的地位。

會所制度

部落民族中常有會所制度，一個人參加某
一會所成年禮後，就要接受會所嚴格的訓
練；會所裡各種階級有各別的權力、義務
和遵守事項。在魯凱族中，以大南社的會
所制度最發達。

男子鞭笞訓練

▌頭冠。

台東縣卑南鄉的東魯凱
族，每年在小米收穫祭
時，準備晉級的青少年
必須上身赤裸，接受高年級學長
的鞭打，通過考驗者才算成年。

▌魯凱族的祖靈柱木雕。

原住民文化

魯凱服飾

魯凱族服飾的式樣以十字線繡、琉璃珠繡為主，其中以百合花飾的佩戴最為特殊。常用圖案有陶壺、百步蛇紋、蝴蝶紋等。

小米收穫祭

每年八月份小米收成後，魯凱族人會舉行祭儀感謝祖靈庇佑，並與族人一起分享小米豐收的喜悅。活動內容包括祭祀祖先、傳統歌舞表演、鞦韆大賽、拋物比賽、百米賽跑、競走及聯歡晚會等，祭典往往長達十餘日，是一種綜合性的祭典。

盪鞦韆

盪鞦韆是魯凱族小米收穫祭的重頭戲，由一男一女合作，魯凱少女單腳踏上蔓藤繩環、雙手緊握繩索，男子奮力牽繩拉動。盪得愈高，歌舞愈高亢，成為男女交往的浪漫活動。

▌台東魯凱族豐年祭。

卑南族

卑南族強盛時期曾統轄七十二社，全族分居八個部落，昔稱「八社番」。現在的卑南族分為知本和南王兩大社群，分布在台東縱谷南部。

▎卑南族陶藝品。

▎卑南會所教育。

會所制度

會所是卑南族的教育場所，依照年齡階級的不同，可分為少年會所（十三～十八歲）、青年會所（十八歲以上）。未婚男子在會所接受軍事訓練內容包括生活禮儀、神話傳說、族群歷史、手工藝及狩獵戰技等。

青年苦行

青年會所的成員，接受二至三年的苦行、服務等訓練，除了上山打獵，還要負責勞務工作，煮食、差役、守夜等，直到通過考驗，晉升為「邦沙浪」階級，才真正長大成人。

少年刺猴

少年刺猴是卑南族少年的成年禮，想要在少年會所年年晉升一級，就必須學會刺猴，猴子由自己所餵養。等到刺猴日，少年利用自己製作的弓箭或矛刺死，然後慎重地祭悼猴靈，感謝賜予。

▎卑南猴祭。

▎卑南族會所。

除草祭

台東縣卑南鄉下賓朗部落每年四月份舉行除草祭，原先是卑南族婦女為求好收成，組成除草團以團隊工作共同完成農事，後來社會型態變遷以及農作方式改變，改以舉辦除草祭，讓傳統文化能夠傳承，並且提醒族人不要忘本。

卑南族婦女除草祭。

祖靈屋。

小米靈屋。

卑南傳統家屋。

卑南服飾。

卑南長老服飾。

卑南服飾

卑南族大多以十字繡法裝飾在黑棉布上，最常見的是花草、菱形、三角以及四方紋等幾何圖形。卑南女子服飾以白、黑色上衣加上刺繡精美的胸兜，配上刺繡的裙子及綁腿。男子服飾則以藍、黑、白色的上衣加上刺繡的綁腿褲，年長者穿著布滿菱形紋飾、紅色為主的無肩短上衣。

大獵祭

大獵祭約在十二月下旬舉行，成年男性必須上山打獵，出發前長老為準備晉升的少年穿上藍色腰布，跟著青年會所的學長接受挑戰。大獵祭期間，婦女準備搭設迎獵門，編製花環，等待新年時男子凱旋歸來，獻上愛意與敬意。

雅美（達悟）族

雅美族也稱達悟族，世居蘭嶼，是不折不扣的海洋民族，島上分為紅頭、漁人、椰油、朗島、東清、野銀等六個部落，是台灣唯一的海洋民族。

▌椰子殼水壺。

大船落成禮

雅美族每艘拼板舟（漁船）在下水之前，必須舉行盛大的下水禮、驅邪儀式，接著船主坐在大船上，男人們合力將船拋舉到空中，模擬海浪起伏的韻律，眾人慢慢將新船放到海面。大船落成禮是全島的盛事，全村村民都會盛裝參與。

▌雅美族男子武裝打扮。

▌蘭嶼雅美族大船的下水儀式，是達悟（雅美）社會中最隆重、盛大的儀式；舉行儀式時，船上堆滿了辛苦種植的水芋。

雅美族長髮舞。

社會組織

雅美族無頭目制度，而以各家族的長老為
意見領袖。漁船組是男人捕魚時形成的組
織，同一組成員共同舉行飛魚祭儀式、遵
守禁忌、捕捉及分享漁獲。

長髮舞

長髮舞是用頭將長髮向前後拋甩，是雅美
族婦女的生活娛樂，也是祭典中的表演。

飛魚祭

每年三月隨著黑
潮，飛魚會來到蘭
嶼附近海域，雅美族揭開長達數月的
飛魚祭，包括:招魚祭、捕魚祭、飛魚收藏
祭、飛魚終食祭等。

蘭嶼達悟族飛魚乾。

雅美服飾

男子的傳統服飾以無袖、
無領、短背心，配合丁字
褲，適合下海捕魚。女子
則以斜繫手織方巾配上短
裙，以白色為底，黑、藍
相間的色彩。

籐帽。

宗柱。

拼板船

雅美族人為了捕捉飛魚，不但建造了可乘座八人或十人的大船，更組織成以父系親屬為主的海上共作團體，稱為「漁團組織」。在同一漁團組織中的人，需要花費相當長的時間採用最原始的工具，到山中砍伐巨木、切割成船板，而後加以組合，製成著名的雅美（達悟）拼板船。拼板舟是雅美族的精神象徵，船身有很精緻的雕刻圖案，代表各家族的圖騰記號。

人形紋

傳說這個圖案是雅美族人製船、捕魚、耕種的教導者；也有人認為長手長腳的人形紋象徵族人游得快，可以捕到很多魚。

船眼

拼板舟船首如太陽般的同心圓圖案，是每艘船的眼睛，可以幫助船主找尋飛魚的蹤跡。

波浪紋

拼板舟船身上像海浪的圖案，綿延不絕。

船頭飾

拼板船頭兩端有插船頭飾，綁上長尾雞雞毛，祈求漁獲豐收。

拼板船結構圖

建造拼板船，需要依照船體各部分機能、選擇約十二種不同材質的木材來施工。建造一般大船，共需二十四塊板子。

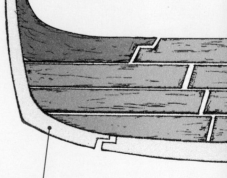

船首和船尾常會遭受碰撞，需要選擇台東龍眼或是欖仁舅等木質堅硬的樹種。

■ 航航於大海的拼板船。

■ 拼板船內部及船槳。

雕刻中的拼板船

拼板船的建造是雅美族人重要的工藝技術，而拼板船的裝飾也是他們主要的藝術表現之一。

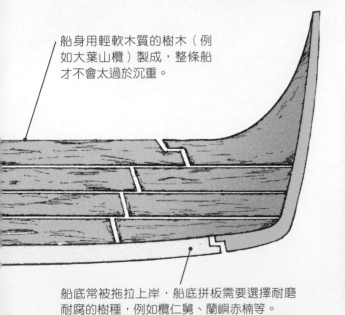

船身用輕軟木質的樹木（例如大葉山欖）製成，整條船才不會太過於沉重。

船底常被拖拉上岸，船底拼板需要選擇耐磨耐腐的樹種，例如欖仁舅、蘭嶼赤楠等。

■ 雕刻中的拼板船。

半穴屋

半穴屋是雅美族的傳統建築。雅美族人將房子建於地平面之下，排水良好，不怕地震，冬暖夏涼，很適合蘭嶼夏季多颱風，冬季有強烈東北季風的氣候。

靠背石

靠背石立於屋前面對海的方向，一般有三塊，象徵主人、妻子、兒子。靠背石平常可以坐靠著看風景，如果家人去世則將其中一塊放倒。

蘭嶼朗島村的半穴屋聚落。蘭嶼聚落與自然景觀已被選為台灣世界遺產潛力點。

工作房

雅美族人編織、作陶、鑄鐵、開會的場所。

主屋

主屋，也就是半穴屋，分為四種等級：

幼房：

婦女生產、家人生病治療的地方，也可說是避難之所。

簡式住屋：

只有兩個門，是新婚夫婦、單身漢的住所。

正式住屋：

三門房，有前廊、室內，一般人皆可居住。

高級住屋：

四門房、五門房，有前廊、前壁、門戶、外室、內室、中柱、後室、後廊等。興建此屋必須是家有德高望重或是勤奮工作、經濟無虞之人。

涼台

四面通風的涼台，是炎炎夏日休憩聊天的好去處。

▌蘭嶼雅美人傳統半穴屋(前)與新型家屋(後)並存。

噶瑪蘭族、撒奇萊雅族、太魯閣族、賽德克族

莫那‧魯道。

噶瑪蘭男子。

噶瑪蘭女子。

撒奇萊雅男子。

撒奇萊雅女子。

賽德克男子。

賽德克女子。

噶瑪蘭族

噶瑪蘭族，過去居住於宜蘭，後來遷居到花蓮和台東。其祭典稱為LaLiGi，是「豐收、歡喜、大家在一起」之意。

撒奇萊雅族

撒奇萊雅族的聚落主要分布於台灣東部，大致在今日的花蓮縣境內奇萊平原。

太魯閣族

太魯閣族分布北起於花蓮縣和平溪，南迄紅葉及太平溪這一廣大的山麓地帶，大約是花蓮縣秀林鄉、萬榮鄉及少部分的卓溪鄉立山、崙山等地區。

太魯閣族兒童歌舞表現。

賽德克族

賽德克族的發源地在仁愛鄉春陽溫泉一帶，主要以台灣中部及東部地域為其活動範圍，約介於北方的泰雅族及南方的布農族之間。日治時期，領導重要的抗日事件——霧社事件的莫那‧魯道及其部落即是賽德克族人。

西拉雅族夜祭

西拉雅族是漢化較深的平埔族之一，每年農曆十月十四守護神——阿立祖的壽誕，台南頭社西拉雅族人舉行夜祭，準備牲禮前往公廨祭拜天公和阿立祖，並由多為白衣女子牽手歌舞，祈求全境平安。

製作香蕉樹衣

香蕉樹衣、香蕉樹袋是花蓮縣豐濱鄉新社村噶瑪蘭人的很具特色的手工藝，製作過程可以表現出善用自然資源的巧思與創意。

香蕉布衣。

❶ 剝下香蕉樹皮，刮掉肉質留下表皮，表皮晒乾後可以撕成一條條細纖維，就是香蕉樹衣的材料——香蕉絲。

❷ 將香蕉絲連接成長細線，並綑成圓球，便於存放。

❸ 根據織布需要的布面長度，把香蕉絲依順序纏繞在整經架上。

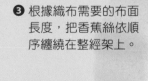

❹ 整理好的香蕉絲，套入織布機，織成一匹匹香蕉樹布。

❺ 香蕉樹布剪裁製成香蕉樹衣。

周珊瑢／繪

農曆春節

台灣節慶分為兩種：農曆的民俗節日及國曆的紀念日。農曆春節在鞭炮聲中展開，象徵著一元復始，萬象更新的意義；年節中祭拜神明、祖先，還要敦親睦鄰，充滿熱鬧、喜慶的新氣氛。

▌張貼春聯的家門充滿新春喜氣。

開正

也叫「開春」，是農曆正月初一，要燃放鞭炮然後開廳門，並且由長輩帶領燃香點燭敬神祭祖，恭迎新年的到來，為新年揭開序幕。傳統習俗初一有許多禁忌，如不可掃地或倒垃圾，以免把財富掃出門外；不可說壞話及吵架；不可打破碗盤，若不小心打碎了，要趕緊說「歲歲（碎碎）平安」，祈求化凶趨吉。

賀正

新年期間要互相拜年，互道祝福，並準備果盤甜品待客，吃甜象徵富貴吉祥。是傳統禮尚往來的習俗，也叫「拜正」。

拜公媽

大年初一，拜祖先，稱為「拜公媽」。

回娘家

初二回娘家探親，娘家有幼童，除了伴手禮還要贈送紅包。若回娘家的女兒有小孩，娘家要回送雞腿，或用紅絨線繫古錢掛在小孩頸上，象徵「結綵帶」添增喜氣。中餐吃團圓飯、敘舊，約午後三點離開。

▌廟中拜拜。

遊春

開正當天，由長輩率領子女出遊，到附近寺廟或名勝古跡遊覽，稱為「遊春」。

行春

新年期間男女老幼攜甜料、水果、金紙香燭等至寺廟燒香，祈求一家平安。

迎神

農曆年前十二月二十四送神日後，初四是迎神日。灶君向玉皇大帝述職後，再回到人間監督。

開市

初五，商人在這一天開張，家家撤去祭祀供品，有宴客親友和迎接財神的活動。

拜天公

年初九為玉皇大帝誕辰，也是新春後的第一個大節日，要製作紅龜粿、發粿，並準備牲禮，焚香點燭祭拜「天公」，以祈求家戶平安。

▌玉皇大帝。

元宵燈節

元宵節是一個多采多姿的節日，除了吃元宵祈求團圓外，還有以民間故事為主題的燈展及猜燈謎，表現出古人的智慧；各式美輪美奐的花燈，更發揮了多樣的民藝技巧。

元宵節

農曆正月十五是元宵節，又稱上元節，民間會在清晨祭拜「三界公」中的天官大帝，祈求賜福。香案桌分上下桌，上桌安置在兩條板凳上面，供奉素菜、香花、水果；下桌擺放牲禮、年糕等葷菜。

燈節

元宵夜，舊俗是家家張燈，舉行燈會和提燈遊行，每年正月十三至十五稱為「迎燈」；燈節前一天稱「放燈」，連同最後一天的「謝燈」，合稱為「燈節」。著名的台南鹽水蜂炮、新北平溪放天燈為元宵夜空添增燦爛色彩，有「南蜂炮、北天燈」之稱。

▍燈會中卡通照型的花燈。

▍平溪鄉元宵放天燈活動。

平溪放天燈

地處山區的平溪鄉舊時有山賊出沒，當地村民歲末收成後，便帶著細軟財產躲入深山，直到元宵前夕才派壯丁返村查看，確定安全後施放天燈，通知村民可以回鄉。流傳至今，平溪鄉在每年元宵前夕舉行大型放天燈活動，吸引許多遊客上山參加。

吃元宵

元宵也稱為湯圓。元宵夜闔家吃元宵，意味著過年團圓，重溫團圓的天倫之樂。

鹽水蜂炮

清代台南鹽水感染瘟疫，死傷無數，鎮民在正月十三關聖帝君誕辰日抬神轎出巡，以繞境驅邪和除疫。日後瘟疫漸漸弭平，由於神轎所到之處就以燃放爆竹歡迎，民眾相信炮竹可以驅除邪鬼，燃爆竹儀式流傳至今，並擴大舉行。

新丁粄比賽

台中東勢在農曆正月十五舉辦新丁粄比賽，為家中新添男丁而謝神祈福，也將大紅粄分享親友，共沾喜氣。

元宵節，東勢舉辦新丁粄比賽。

清明、端午

清明節承襲著尊重祖先、重視宗族倫理的傳統觀念，是慎終追遠的民族掃墓節。端午節源自入夏驅邪的習俗，更有健身、節慶的賽龍舟活動。

清明祭祖

清明節大多在國曆四月五日前後舉行，但是從農曆元宵節過後到清明節期間也有人選擇吉日祭祖。掃墓時，會清理祖先墳墓、供拜粿類、糕餅。祭拜後，會將供品紅蛋的蛋殼剝撒在墓上，以示新陳代謝，送舊迎新之表徵。

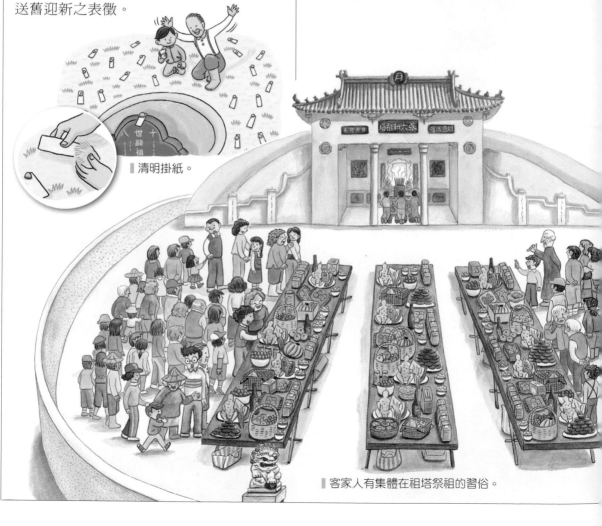

▌清明掛紙。

掛紙

又稱「壓紙」，是把祖先墳墓上的雜草木剷除後，以小石頭或草皮將長方形黃白墓紙，或紅黃藍白黑的五色紙壓在墳上，表示墓主有後嗣。掛紙所用的五色紙就又稱為「墓紙」。

▌客家人有集體在祖塔祭祖的習俗。

歲時節慶

▌龍舟賽。

▌龍舟。

端午節

時值夏季的農曆五月初五端午節,古時是
疾病開始流行的季節,因此端午節的
由來,是有驅邪避惡,以求身
心平安的習俗意涵。

▌肉粽。

端午粽子

端午節,家家戶戶都會準備牲
禮、粽子,拜神祭祖。常見的粽子
有肉粽、鹼粽兩種,肉粽用糯米包豬肉、
蝦米、香菇、芋頭、蠔乾、栗子等內餡蒸
煮成;鹼粽則是用糯米拌鹼油而煮熟。

▌粽子型香包。

辟邪

早年的台灣,端午用布料包著
檀香等香料做成香包,配戴在
小孩身上,可以避邪。另外,
用艾草、榕樹枝、菖蒲等懸掛
於大門,或是用艾草、菖蒲等
水洗浴,或是潑灑雄黃酒於牆
壁下,都可去除毒蟲邪氣。

▌避邪植物。

划龍舟

又稱賽龍舟、競渡,是端午節最受歡迎的
活動。起源於弔祭從前投入汨羅江詩人屈
原;而競渡的場所都在河流或海口,台灣
以高雄愛河、台南安平運河和台北淡水河
的龍舟比賽規模較大。

祭江、謝江

每年龍舟賽競渡開始前後,由一艘龍舟在
河面上焚香禱告,並丟擲紙錢和粽子祈求
神明保佑,稱為祭江。比賽結束後,同樣
焚香禱告、燒化紙錢,則稱為「謝江」。

中元普渡

相傳農曆七月是鬼月，這個月「好兄弟」會來到人間接受祭拜供品。在古代，民間在農曆七月十五以剛收成的新穀祭拜祖先，佛教的盂蘭盆節、道教的中元節也在這一天舉行，由種種的由來融合成今日的「中元普度」。

中元節

農曆七月的主要活動是普渡，普渡的種類很多，有街普、市仔普、子弟普、廟普等，以廟普最為盛大。農曆七月十五中元節當天黃昏，和尚、法師依序進行開壇、發關、豎旛、請神、謝三界、請觀音、請孤魂、安灶君、拜幢、獻供、小施、揚旛、謝壇和誦經等超渡亡魂的儀式。

開鬼門

俗稱農曆七月初一地府鬼門大開，稱為「好兄弟」的孤魂野鬼會在陽間徘徊。

拜門口

鬼門開後，各家戶要在門口供拜魚、肉、雞、鴨、菜等五味碗和糕、粿等；在供物上各插上一枝香，上完二柱香後，燒經衣、銀紙，稱為「拜門口」。

萬華龍山寺在中元節舉行蘭盆法會。

關鬼門

七月末日為關鬼門日，也稱為「謝燈腳」，從七月初一開始在陽間徘徊的孤魂必須回歸冥府。寺廟會撤除燈篙，舉行祭拜。

豎燈篙

農曆七月初一寺廟會在廟前豎立帶枝葉的長竹竿，上懸燈籠作為孤魂聚集的標誌，就是豎燈篙。

宜蘭頭城在中元節設立祭壇，舉辦大型搶孤活動。

基隆中元祭放水燈。

放水燈

普渡前一天會以施放水燈方式，為溺斃的孤魂照路。

搶孤

水燈。

中元普渡活動，在超渡結束時，會以鑼鼓為信號，開放信眾搶奪孤棚上的祭品，作為分享，也帶來好運。

新竹縣新埔義民廟中元節豎燈篙，以及展示神豬。

頭城搶孤的高架孤棚。

中秋、歲末

相傳中秋節源自於古代祭祀月神，後來有吃月餅的習俗，更增添了中秋節的節慶色彩。農曆歲末有「冬至」、「除夕」、「圍爐」等，都有除舊布新、全家團圓等意義。

中秋節

農曆八月十五中秋節，是「太陰娘娘」的聖誕，晚上各戶吊燈結綵，並在月下設香案，供香花、月餅、水果等祭拜月神。全家一起賞月，吃月餅、文旦以及小酌，別有一番情趣。另外，中秋夜，未婚男女會到廟中祭拜月下老人，祈求獲得幸福、美滿的姻緣。

團圓節

天上月圓象徵家人團圓美好的事務，所以在中秋月圓時，異鄉人都要回家和家人團圓，所以中秋又稱為「團圓節」。

冬至

冬至，（國曆十二月二十一或二十二日）民間稱為「冬節」，全家大小一起搓「冬節圓」，有紅白兩色。冬至當天，以冬節圓供拜神明祖先，祭後以湯圓黏在門窗、桌椅、床櫃、雞舍、豬舍、牛舍等處，表達對一年來的謝恩，祈求來年招福。

尾牙

農曆每月的初二、十六為「做牙」，十二月十六是每年的最後一次，所以稱為「尾牙」。農民及商人以五牲祭拜土地公。公司行號宴請員工，從前有藉此日告知辭退員工的習俗，現在則是以年終聚餐或聯歡晚會來犒賞員工。

▌除夕團圓飯。

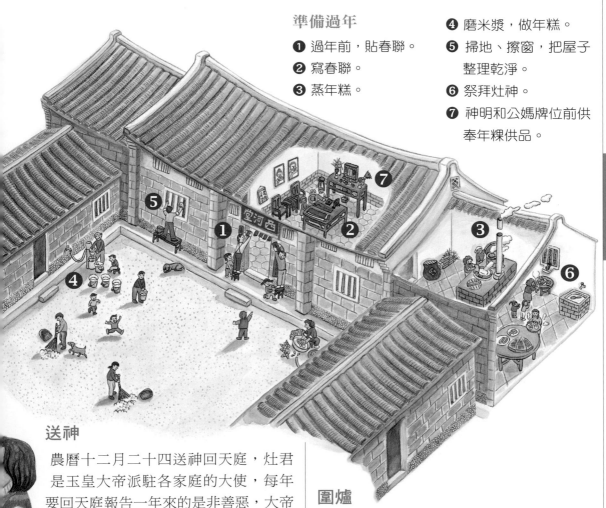

準備過年

❶ 過年前，貼春聯。

❷ 寫春聯。

❸ 蒸年糕。

❹ 磨米漿，做年糕。

❺ 掃地、擦窗，把屋子整理乾淨。

❻ 祭拜灶神。

❼ 神明和公媽牌位前供奉年粿供品。

送神

農曆十二月二十四送神回天庭，灶君是玉皇大帝派駐各家庭的大使，每年要回天庭報告一年來的是非善惡，大帝依據灶君的報告來決定各家下一年的禍福吉凶。

辭年

農曆十二月三十除夕是一年的最後一天，具感恩及團圓的重要意義。除夕下午供拜牲禮、祭拜祖先，稱為「辭年」。會在神明和公媽牌位前堆疊柑橘、供奉年粿、春飯和壓歲錢，另外用五味碗拜門口和地基主，用春飯祭拜灶神和床母。

圍爐

除夕夜，出外的遊子都要趕回家「圍爐」，全家團圓吃年夜飯，吃長年菜代表長壽；韭菜代表長久；菜頭即好彩頭；魚圓、肉圓、蝦圓取意「三元及第」；魚代表「年年有餘」。雞和台語「家」同音，吃雞肉有「食雞起家」的意義。

守歲

就是在除夕夜把一年守到最後一刻，有依依不捨和迎接新年的意涵。相傳孩子守歲，父母可以延年益壽。

周珊瑢／繪

出生禮

每個人從出生到生命結束之間，首先會經歷「出生禮」，接著有「成年禮」、「婚禮」、「壽禮」、「喪禮」等基本生命禮俗；在每一個過程中，當事者與親友的社會角色和人際網絡，會有調整而進入新的生命階段。

接生

生產時，傳統社會是請「先生媽」或「產婆」到家裡來接生，後來西醫逐漸普及，孕婦都到醫院產檢及生產。

拜床母

嬰兒出生三天後便要準備供品、金紙，在床邊祭拜床母，感謝其保佑孩子。祭拜時間不能太久，未來孩子的動作才會快速。

▌「做膽」是三朝中重要的儀式，希望孩子有膽量。

坐月子

產婦生產後身體虛弱，傳統上會在一個月內「坐月內」(坐月子)，多吃些營養食物，滋補身體，在這期間有很多飲食禁忌，也不能外出或碰冷水，避免遭受風寒，影響健康。

三朝報酒

嬰兒出生三天後要洗特別的澡，水中放入桂花心(喻富貴)、柑橘葉(喻吉祥)、龍眼葉(喻子孫滿堂)，以及石頭(喻頭硬、膽壯)；之後抱到廳堂拜神佛及祖先，稱為「三朝禮」，並分送「油飯」、「雞酒」給親友，稱為「報酒」。

剃髮

滿月時，由族長或是剃頭師傅為嬰兒「剃髮」，同時準備紅蛋(喻升官)、石頭(喻做膽)、銅錢十二個(喻富有)、蔥(喻聰明)等。剃頭時要對嬰兒說祝福的話；有些人家把剃下來的胎髮做成「胎毛筆」留作紀念。

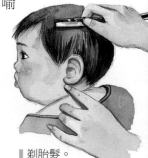

▌剃胎髮。

滿月

嬰兒滿月時，準備油飯或蛋糕等祭拜神明與祖先，並分送親友。若曾向註生娘娘祈子許願者也會到廟裡拜神答謝。

作四月日

滿四個月時，要為嬰兒「收涎」，以紅線串著餅乾十二或二十四個，掛其胸前，由長輩剝餅抹去唾液，稱為「作四月日」。

▌嬰兒滿週歲時，做紅龜粄贈送親友。

▌做四月日，為嬰兒「收涎」。

作度晬

滿週歲稱為「作度晬」，親友送禮來祝賀，嬰兒的父母則回贈紅龜粿，並且帶著嬰兒祭拜祖先後，還會安排「抓周」儀式。抓周是將十多種物品放在嬰兒面前，隨他任意抓取，以預測將來的職業發展，可說是中國版的幼兒性向測驗。

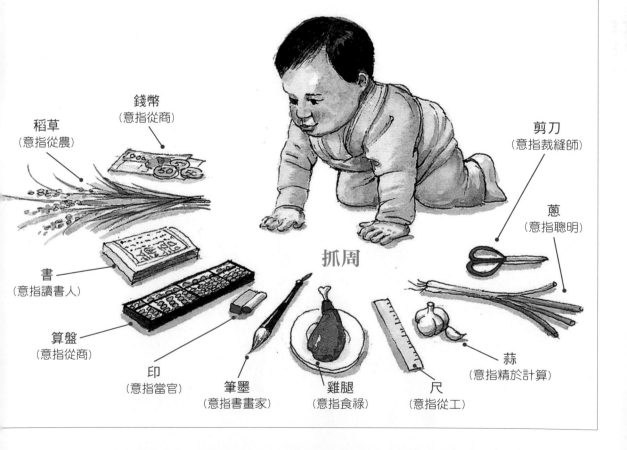

抓周

稻草（意指從農）

錢幣（意指從商）

書（意指讀書人）

算盤（意指從商）

印（意指當官）

筆墨（意指書畫家）

雞腿（意指食祿）

尺（意指從工）

蒜（意指精於計算）

蔥（意指聰明）

剪刀（意指裁縫師）

成年禮、壽禮

成年禮

許多父母會透過超自然的力量和信仰，為孩子祈福，希望孩子順利長大成人，因此有「成年禮」的生命禮俗。

謝神

小孩在成年之前，為求順利成長，父母會帶其到廟裡祈求註生娘娘、七娘媽等保護。當孩子受神明庇佑長到滿十六歲時，家長便會帶孩子準備相關的供品，於七娘媽生或神明生時，到廟宇敬拜感謝神明使孩子平安順利長大成人。

謝天公

孩子出生後身體不適或較難養育時，會向玉皇大帝(天公)和三界神明許願，當孩子平安順利長大到成年(滿十六歲)或結婚時，就延請道士誦讀經文，並準備豐盛供品答謝，俗稱「作十六歲謝天公」。

▊ 剛成年的男女鑽過七娘媽亭，表示「出婆姐宮」，從此成年了。

集體成年禮

行政院文化建設委員會提倡舉辦集體成年禮，以滿十八歲的年輕男女為主，在國曆三月二十九日青年節前後，由各地縣市政府機關、學校、寺廟舉行集體成年禮，讓參加者一起分享成長的喜悅。

▊ 參加成年禮的男狀元騎馬遊街。

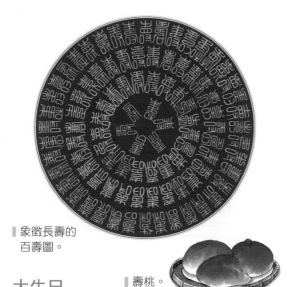

■ 象徵長壽的
百壽圖。

■ 壽桃。

大生日

傳統上五十歲以上才能稱「壽」，之後每十年做一次大壽稱為「大生日」，家族會在壽星家中聚餐、演戲來慶祝。六十歲稱「下壽」，七十歲稱「中壽」，八十歲稱「上壽」，九十歲稱「耆壽」，百歲稱「期頤」。

拜壽

過生日時，壽星親友準備壽幛、壽聯、壽禮等作為祝賀；出嫁的女兒加送雞、酒、蛋等禮物，父壽加送裘、鞋、帽，母壽則送裘、金簪，俗稱為「拜壽」、「敬壽」。壽星的家屬則準備壽金與鞭炮，與壽星一起敬拜神明、祖先，祈求保佑長壽康泰。

問壽

女兒逢父母親六十歲下壽時，依習俗必須為父母準備「壽衣」，供他們百年之後使用，稱為「問壽」。

■ 壽禮。

生命禮俗

拜七星娘娘

在孩子年滿十六歲的七夕，客家父母會帶孩子到廟裡拜神明感謝其保佑，或是七夕晚上在家中向北方祭拜七星娘娘或是註生娘娘，祭拜供品包括梳子、鏡子、針線、香菸、扇子、胭脂、香水、圓仔花、七姑星花等。

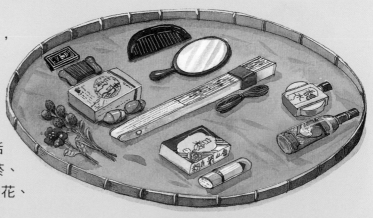

■ 祭拜七星娘娘的供品。

傳統婚禮：婚前禮

傳統婚禮關係著家族薪火的延續，是重要的生命禮儀。台灣河洛人、客家人及其他族群的婚禮習俗同中有異，各地的儀式內容也有不同，但是都十分注重儀式的莊重與吉祥意涵。

▌昔日浩浩蕩蕩的下聘隊伍，隨著時代變遷、禮儀簡化，已經成為絕響。

說媒提親

台灣傳統社會多賴媒婆介紹，才能促成婚事。古代說媒還會送雁鳥到女方家，因雁較難找，後來以鵝或雞替代。現代社會盛行自由戀愛，通常請現成的媒人到女方家提親。

問名

訂婚前男方在徵得女方同意聯婚後，便著手進行「問名」、「提字仔」或「討生時」步驟。男方將男子生辰八字，以及三代祖先姓名、名諱、里居、經歷等寫在稱為庚帖的紅帖上，由媒婆交給女方，交換女子生辰八字、三代祖先姓名等的庚帖。

▌媒婆要有好口才，才能促成男女姻緣。

訂婚

舉行婚禮前須先有訂婚儀式，俗稱「送定」。男方請媒人攜帶禮餅、豬蹄、麵線、桂圓、米酒、罐頭、糖果、豬肉、羊肉、喜酒、糕仔、荖花等十二種禮物至女方家。女方會將禮餅分贈親友，以表示自家女兒業已訂婚，此即所謂的「分餅」。

結婚六禮

傳統婚姻禮俗的有「六禮」程序，包含「納采」、「問名」、「納吉」、「納徵」、「請期」和「迎娶」等六項，換成現在的名詞就是，「說媒提親」、「議婚(問名、換庚帖)」、「過聘(訂婚)」、「請期、送日子(完聘)」和「結婚迎娶(迎親)」。

生命禮俗

謝天公

結婚前夕，選定吉時，備豐盛葷素供品，延請道士誦經、讀疏文，以及加演傀儡戲或大戲，向玉皇大帝和眾神明祝禱，感謝多年來的護佑。

安床

按照慣俗，男方於結婚前一天要選吉時安放新床，而且晚上不能空床或是讓準新郎一人獨睡，必須由男童陪睡，有早生貴子的意涵。

請期

訂婚後，男方將新娘八字送請命相師選定挽面（開容）、裁衣（開剪）、安床、嫁娶、出轎、入房等事宜時刻寫於紅紙稱「日頭」。將日頭、日頭餅和米糖、「金、香、炮、燭」四樣與「蓮蕉芋、五穀仔、生鐵、炭」四樣，託媒人送女方家稱為請期。

現代婚禮

除了傳統婚禮外，有人因為宗教信仰，或是受到公證、集團婚禮觀念影響，會採用現代式的婚禮，例如：（一）佛化婚禮、（二）天主教婚禮、（三）基督教婚禮、（四）公證結婚、（五）集團結婚（聯合婚禮）、（六）異國婚姻等。

傳統婚禮：正婚禮

迎娶

古代親迎之日，新郎戴冠身著莽袍，騎馬或坐子婿轎，以花轎迎娶，新娘則穿戴鳳冠霞披；現代社會普遍穿西式白紗禮服、禮車迎娶。男方帶豬腳、雞、魚牲禮和轎斗圓給女方，用以祭拜祖先，答謝父母養育之恩。

日治時期的新娘乘坐的大紅花轎。

食姊妹桌

出嫁前，新娘與姊妹們團圓會餐，以示依依不捨之情。菜餚有祝賀之意，如食雞能起家、食紅棗年年好、食肉丸萬事圓等。

傳說「過米篩」習俗源自「周公鬥桃花女」的神話故事。新娘到夫家下車時，媒人會拿八卦米篩為新娘遮頭頂，以求趨吉避凶。

辭祖

男方抵達女方家迎娶時，將帶來的供品敬獻女方神明和祖先。新娘再由媒人牽引出大廳，由女方舅父或長輩點燭祝福，敬告女方神明和祖先，新娘並跪別父母。

上轎擲扇

新人坐上喜車後，新娘從車上丟出一把繫著紅包的扇子，由女方家屬派人撿拾，表示新娘從此與娘家舊姓脫離關係。丟扇子也有因扇與「善」同音，而有「留善給娘家」之意。

踩瓦過火

新娘進入男方家前，要先踩破一塊瓦片，俗稱「破外口」，即把不好的東西留在外面，把好的東西帶入男方家門；然後跨過一火爐，有為新娘除穢淨身與帶來興旺的思意。

拜堂

新娘進入家內大廳與新郎一同拜堂。由男方長輩或母舅主持「拜堂」儀式，上香祭拜神明和祖先。接著再拜父母，之後夫妻交拜。

入洞房

新郎新娘進洞房後，對座「食新娘圓」(吃甜湯圓)，有團圓之意。

喜宴

結婚當天由男方宴請親朋好友。過去農業社會，喜宴多在自家門前，請總舖師來外燴，俗稱「辦桌」；現在則多選擇在里民活動中心或餐廳舉辦。

▌新娘向男方親戚獻茶。

壓茶甌

宴席結束後，男方家族長輩坐在正廳，新娘端茶向長輩一一獻茶，長輩以紅包回贈新娘，稱為「壓茶甌」，此時長輩會說些吉祥話，又稱為「吃新娘茶」。客家習俗則是新婚第二天，新娘要「見拜」親友長輩，依序敬茶、逐一尊稱，親友則答話祝賀同時回贈紅包。

歸寧

新婚後數日，新婚夫婦返回女方娘家作客，稱為「歸寧」或「回門」。新人攜帶伴手禮敬拜娘家神明或祖先，女婿以紅包分贈女方親友，女方家準備午宴款待。以前女方要準備糕餅、雛雞一對(公母各一)與甘蔗一對，讓新人攜回男方家，現在則多以帶路雞禮籃代替，象徵繁衍子孫、甜蜜偕老。

▌帶路雞禮籃。

生命禮俗

喪禮

台灣傳統喪禮主要是採用道教化的儀式，也有採用佛化喪禮、天主教喪禮、基督教喪禮等儀式；近年來也提倡環保自然葬，例如樹葬或是海葬。這些喪禮提供人們在親人身故時，以莊重的儀式來追思與紀念。

發喪

將親人亡故的訊息向親友發佈，稱為「發喪」。

示喪

喪家在大門上張貼告示，以白紙黑字寫著「嚴制」（父死時用）、「慈制」（母死時用）或「喪中」（指晚輩去世，長輩尚在者）等字樣。

辭生

將亡者抬入棺內前，家屬會為亡者準備最後一次告別餐宴，有六或十二道菜，由道士或家屬作勢挾菜餵亡者吃，稱為「辭生」。

大殮

將穿好壽衣的亡者，依擇日師擇定吉時抬入棺木中安置好，稱「入木」，又稱「入殮」或「大殮」。

守靈

遺體入殮到出殯前，須派子孫在靈堂前看守，為守靈。

出殯

出殯日，清掃廳堂後，放置大竹籮，籮中放燃燒的火爐、十二碗菜、發粿，竹籮旁放米桶。火爐表示旺盛，十二碗菜表示子孫有得吃，發粿象徵發財，米桶則有團圓之意。

家祭、公祭

出殯日舉行告別式，主要是家祭和公祭，讓親族、朋友以及機關團體祭拜和拈香。

作七

死後每七日要做一次法事，祭祀或請道士、和尚念經，稱為「作七」；從「頭七」到「七七」（又稱「滿七」）一共要做七次法事。也有以每十天為一旬作法事祭拜，稱為「作旬」，最後為「作百日」。

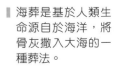

海葬是基於人類生命源自於海洋，將骨灰撒入大海的一種葬法。

樹葬是將骨灰處理過，裝入可分解的容器，植放於樹木根部。

作對年

逝世週年舉行祭典，稱为「作對年」。此日結束後，才算脫去孝服 。

作忌(作忌日)

親人亡故後的第二次逝世紀念日，即稱為「作忌」。此後，年年以此日為忌日，準備供品祭祀亡親。

生命禮俗

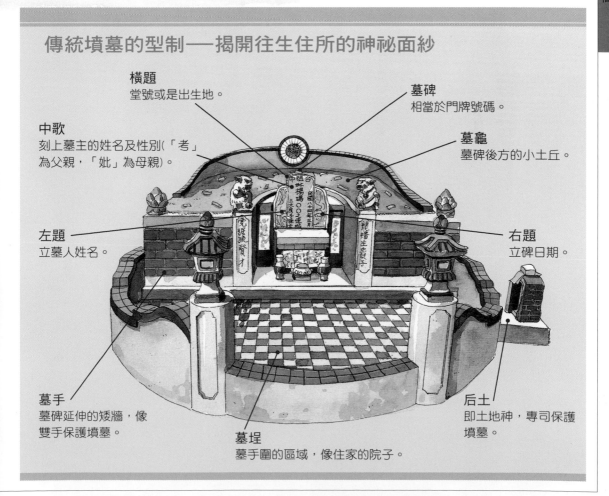

傳統墳墓的型制——揭開往生住所的神祕面紗

橫題
堂號或是出生地。

墓碑
相當於門牌號碼。

中歌
刻上墓主的姓名及性別(「考」為父親，「妣」為母親)。

墓龜
墓碑後方的小土丘。

左題
立墓人姓名。

右題
立碑日期。

墓手
墓碑延伸的矮牆，像雙手保護墳墓。

墓埕
墓手圍的區域，像住家的院子。

后土
即土地神，專司保護墳墓。

周珊瑢／繪

民間信仰

台灣的民間信仰由於社會族群、自然環境和政權變遷等因素，融合了道教、佛教、儒教、泛靈信仰，以及多種外來宗教，逐漸形成特殊風貌與多元文化的內涵。

道教

道教為東漢張陵所創，其製作道書與科儀，被尊為「天師」。主要奉祀三清道祖和玉皇大帝。

佛教

佛教源自印度，傳入中國後又發展出許多宗派，台灣的佛教主要是清代從閩粵移民傳入的臨濟宗和曹洞宗，佛寺主要奉祀釋迦牟尼佛和觀世音菩薩。

儒教

儒教主要以儒家的學說為基礎，尤其是孝道的觀念，重視祭祀祖先，促使宗族團結互助。

泛靈信仰

泛靈信仰是人類古老的信仰，包括自然、亡靈、庶物的崇拜，以及巫術、禁忌等。

▍台北孔廟創建於清光緒年間，是儒家文化的具體象徵。

▍台南竹溪禪寺，是台灣最古老的佛教寺院。

文神部眾神職司表

至上神：天公（玉皇大帝）

- 司生：南斗星君
- 三界公
  - 上元天官
  - 中元地官
  - 下元水官
- 司死：北斗星君

中央行政神
- 教育：孔子、魁星夫子
- 學務：文昌帝君、孚佑帝君
- 農務：神農大帝
- 工務：巧聖先師（魯班公）、荷葉仙師
- 商務：關聖帝君（關公）
- 醫務：保生大帝（大道公）
- 航務：天上聖母（媽祖）、水仙尊王
- 漁業：四海龍王
- 娛樂：田都元帥
- 音樂：西秦王爺（北管亂彈）
- 驅邪：玄天上帝、太子爺
- 除疫：王爺、厲鬼
- 生育：註生娘娘、十二婆姐、花公、花婆
- 女藝：七星娘娘（七娘媽）

地方行政神
- 守護神
  - 延平郡王（台灣）
  - 廣澤尊王（泉人）
  - 開漳聖王（漳人）
  - 三山國王（客人）
- 司法神
  - 城隍、土地、二十四司官
  - 青山王、境主公、五營

陰府行政官
- 東嶽大帝（嶽帝爺）
- 地藏王（地獄救主）
  - 一殿：秦廣王
  - 二殿：楚江王
  - 三殿：宋帝王
  - 四殿：五官王
  - 五殿：閻羅王
  - 六殿：卞城王
  - 七殿：泰山王
  - 八殿：都市王
  - 九殿：平等王
  - 十殿：轉輪王
    - 文判、武判、牛爺、馬爺、七爺、八爺、鬼役、刑役

（資料來源：董芳苑《探討台灣的民間信仰》）

民間信仰

常見神祇

台灣常見的神祇是：玉皇大帝、觀音菩薩、天上聖母、玄天上帝、三官大帝、福德正神、保生大帝、王爺、關帝聖君、三山國王、開漳聖王、釋迦佛祖等，在全台眾多寺廟中供奉，但是各地神祇名稱與造型有所不同。

玉皇大帝

玉皇大帝俗稱「天公」或「天公祖」，在道教則稱「玉皇上帝」。民間相信玉皇大帝為宇宙天地至高無上之神，不但授命天子統治人間，並統轄儒釋道三教的神佛，是天地宇宙間最具權威，萬物吉凶禍福的主宰。農曆正月初九為天公生日，民間祭祀特別謹慎與隆重。

關聖帝君。

玉皇大帝。

關聖帝君

即關羽，生於東漢，其忠誠和勇武的形象，受到各教尊崇。儒教奉為五文昌之一，又尊為「文衡聖帝」、「關西夫子」，道教奉為「協天大帝」、「翊漢天尊」。佛教界奉其為護法神之一，稱為「伽藍菩薩」。台灣民間則稱為「恩主公」。

保生大帝

又稱「大道公」、「吳真君」，精通醫學，濟世救人，是鄉土保護神，也是醫神。

▊保生大帝。

玄天上帝

又稱「北極玄天上帝」，民間俗稱「上帝公」、「上帝爺」或「帝爺公」。傳說玄天上帝法力高強，能驅妖治病，是小兒的保護神；屠宰商則視為祖師爺或守護神虔誠祭拜；航海的人也祭祀玄天上帝求其指引航行方向，保佑海上平安。

▊北極玄天上帝。

釋迦佛祖

釋迦牟尼是人間佛教的始祖，佛教尊稱為「釋迦牟尼佛」、「本師」、「世尊」，民間俗稱為「佛祖」、「佛陀」或「釋迦如來」。「釋迦」譯意為「能仁」，是德充道備、堪濟萬物之意，「牟尼」則為寂寞、寂靜的意思。

▌釋迦佛祖。

開漳聖王

傳說為唐代武進士陳元光，因開發漳州有功，當地人立廟祀奉，奏請敕封「威惠聖王」。漳州先民移墾來台時，將家鄉守護神奉祀至定居地，其中又以宜蘭、台北、桃園等地區的開漳聖王廟較多見。

▌開漳聖王。

民間信仰

▌三官大帝—天官（中）、地官（左）、水官（右）。

三官大帝

三官大帝，俗稱為「三界公」或是「三界爺」，是指天官「堯」、地官「舜」、水官「禹」。堯的生日是在農曆正月十五，俗稱上元節；舜的生日是農曆七月十五，俗稱中元節；禹的生日是農曆十月十五，俗稱下元節。在道教中，三官大帝神格僅次於玉皇大帝，監察人間善惡，同時主掌眾生禍福。

媽祖

宋代興化府莆田縣湄洲嶼林氏女，死後為人崇拜而成神。俗名林默，一般民間稱林默娘，其娘字乃對女子的稱呼而來，而非其名。福建、台灣沿海一帶民間稱為「媽祖」。

天后

康熙二十三年(1684)台灣始納入清朝版圖，施琅奏請清廷加封媽祖為「天后」，並宣揚媽祖的神威，改明寧靖王府為大天后宮，此後，媽祖廟稱為「天后宮」。

天上聖母

康熙年間賜封媽祖為「天后」以來，湄洲祖廟人員在此基礎上，於乾嘉時期增封媽祖為「天后聖母」，此一稱號，頗得人心，廣為流傳。迄今民間熟知的媽祖封號「天上聖母」，即由此訛傳而來。

千里眼與順風耳

相傳千里眼與順風耳於桃花山興風作浪，危害地方。居民請求林默娘為地方除害。後來，被默娘收伏，成為護法。千里眼（又稱金精將軍）造型為青面獠牙，手執戟，眼觀宇宙萬物；順風耳(又稱水精將軍)為紅面獠牙，手持斧鉞，耳聽世間眾音，其面目猙獰的造型，有著驅邪止煞的意味。

▌順風耳。

▌千里眼。

進香媽

鹿港天后宮於清末至大陸進香時，湄洲開基二媽聖像險被大陸祖廟人員所留置。1922年再次前往祖廟謁祖進香，遂聘人仿湄洲開基二媽聖像重刻，並以新刻的神像前往湄洲進香，是故稱「進香媽」。

▌出巡二媽。

▌媽祖海上救難圖。

航海守護神

台灣海峽風浪險惡，先民稱為「黑水溝」。先民渡海來台時常發生海難，需藉由媽祖的保佑，尋求心靈的寄託。媽祖是泉州地區航海的守護神之一，亦是貿易、商業的守護神。

▌坪林茶郊媽祖。

欣賞媽祖廟

台灣媽祖廟眾多，又極富建築之美，其中多座廟宇已被列為文化資產，走入每一座媽祖廟，有如參觀豐富、精緻的民間信仰與藝術博物館，其中呈現的歷史意義、建築藝術、佛像特色等，都值得細細欣賞、深入瞭解。

欣賞神像

台灣媽祖的神像有木雕、土塑或是軟身媽。早年鎮殿媽祖多是土塑的神像。軟身媽是用布織或木藤製作，手部或腳部可以活動。早年媽祖手持如意，清康熙封媽祖為天上聖母，因此官方供奉的媽祖手持官笏。

媽祖的臉色

媽祖神像臉部的顏色，原為粉紅色，稱為「粉面媽祖」。有些因廟裡香火鼎盛，使得媽祖臉部變黑，稱為「黑面媽祖」。此外，有些媽祖神像的臉部貼有金箔，稱為「金面媽祖」。

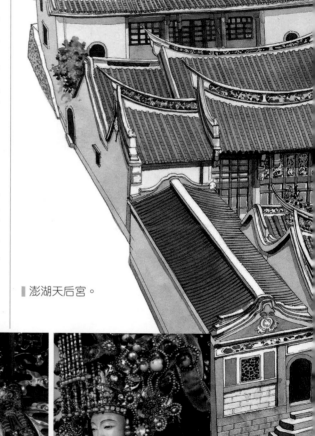

▌澎湖天后宮。

▌黑面媽祖。

▌金面媽祖。

▌粉面媽祖。

欣賞匾額

皇帝賜頒或是官員敬獻的匾額，是文獻史料，也有書法之美。

欣賞石雕

龍柱、花鳥柱、石堵、石窗、石獅等，欣賞作品的內容意涵。

雲林北港朝天宮。

新竹市北門街長和宮。

欣賞彩繪

門神、牆面彩繪等，欣賞故事典故的意涵，藝匠的設計風格。

欣賞木雕

藻井、梁棟、屋簷等，欣賞傳統木作建築的特色。

台東市天后宮。

民間信仰

鹿港天后宮

鹿港天后宮位於彰化鹿港，創建於清康熙年間，幾經修建才成為三進二院的恢弘建築格局，為縣（市）定古蹟寺廟。

鹿港天后宮正殿。

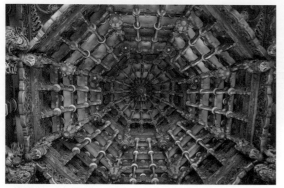

鹿港天后宮藻井。

藻井

八卦藻井是泉州匠師王樹發的作品，以斗拱層層出挑，齊集頂心，宛如蜘蛛網狀，被稱為「蜘蛛結網」。

牌樓

牌樓頂上的斗栱和樑柱是水泥鑄模而成，燕尾式飛簷起翹，曲線流暢。

鹿港天后宮牌樓。

天后宮三川殿正門旁的石窗，雕工精湛，被譽為台灣廟宇石雕的經典作品。

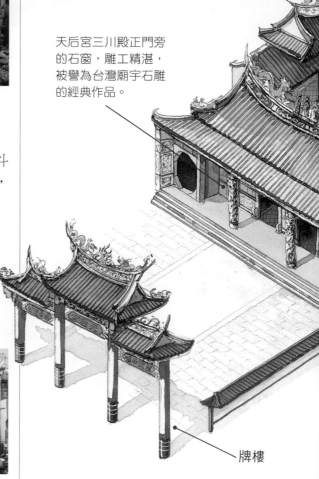

牌樓

鐘鼓樓
俗語：「暮鼓晨鐘」，
鐘樓位置在東方（太陽
升起的方向），鼓樓位
置在西方（日落的方
位）。

後殿（凌霄寶殿）
祭祀玉皇大帝、三官
大帝等神像。

天龍池
天龍池四周有鹿港
文人的珍貴字畫。

正殿
正殿為重簷歇山式建築，店
內神龕的雕刻富麗堂皇，有
如一座小廟宇，還有多座皇
帝御賜匾額。

正殿

雨廊

三川殿

■ 保生大帝伏虎傳說石
雕（鹿港天后宮）。

■ 鹿港天后宮三川殿龍堵石雕。

三川殿

三川殿為五開間建築，兩旁是八卦門。
自古即有「左青龍，右白虎」的風水觀
念，故三川殿牆壁上左邊有「張僧繇畫
龍點睛」龍堵，右邊有「保生大帝醫虎
喉」的虎堵，也符合俗云：「入龍喉祈
好運，出虎口解厄運」。

民間信仰

媽祖遶境進香

▌大甲鎮瀾宮。

大甲媽祖遶境進香

早年鎮瀾宮皆前往湄洲祖廟進香，日治時期因航運不便而改往北港朝天宮遶境進香，民國七十七年改往新港奉天宮進香至今。每年農曆正月十五，由廟方執筊決定進香日期，並選出頭香、貳香、參香、贊香等，為台灣天數最多者，徒步進香範圍最廣的遶境進香團，全程為八天七夜。

北港朝天宮迎媽祖

農曆正月初一子時「搶頭香」後，接續元宵節舉辦迎春遶境，尤其農曆三月十九更是全年之中活動的高潮，當日除媽祖遶境外，亦有藝閣表演；店家在媽祖遶境時，會準備大量炮竹置於神轎下，稱為「炸醮」，炮竹愈多，表示來年生意愈好。

白沙屯媽祖進香

每年農曆十二月十五，苗栗通宵白沙屯拱天宮以擲筊的方式，擇訂進香日期、刈火及回鑾時程，由庄民組團徒步前往北港朝天宮進香。白沙屯媽祖進香團，是用四人輕便轎出訪；其進香最大的特色，是沒有固定的進香路線與停駕地點，全由媽祖的指示。

三大宗教民俗盛會

台灣民俗最受推崇的三大宗教盛會是：一、大甲媽祖遶境進香，參與的人數最多；二、台南鹽水蜂炮，活動最瘋狂、刺激；三、東港迎王平安祭典，大型王船「陸上行舟」的場面最特殊、壯觀。

千里眼將軍

順風耳將軍

媽祖神轎

十八庄迓媽祖

媽祖遶境十八庄,即今日霧峰、烏日、大里、太平及台中市等地區,在清朝道光年間農作物受到病蟲害,造成收成不佳,因此農民遂迎請旱溪樂成宮媽祖遶境田園,結果驅逐了蟲害,所以每年農曆三月舉行十八庄遶境的活動。

▌大甲鎮瀾宮媽祖遶境的神轎。

龍陣

太子爺

大甲媽祖遶境進香隊伍

大甲媽祖遶境進香隊伍陣容壯大，包括前導開路的報馬仔、頭旗、頭燈、三仙旗與開路鼓，以及擔任媽祖駕前護衛的繡旗隊、莊儀團與哨角隊等，所經之處皆吸引許多民眾駐足觀看。

組織浩繁的進香隊伍，不僅有增加排場與湊熱鬧的功能，有些成員或角色同時具有宗教性的職司與意義，使宗教活動與傳統表演藝術相結合，極富文化內涵價值。

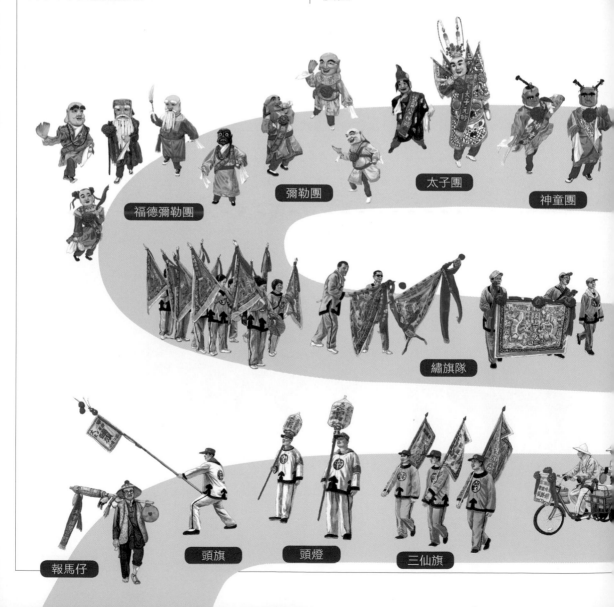

福德彌勒團

彌勒團

太子團

神童團

繡旗隊

報馬仔

頭旗

頭燈

三仙旗

自行車隊

神轎

娘（涼）傘

馬頭鑼

令旗

轎前吹

莊儀團

哨角隊

三十六執士隊

贊香

叁香

貳香

開路鼓

大鼓陣

頭香

民間信仰

北港朝天宮迎媽祖隊伍

北港地區素來宗教信仰興盛，有許多因應迎神賽會而產生的民間團體，如神明會、舖會、文武陣頭會等，其中以附屬於朝天宮的神明會(轎班會)陣容最龐大，其次是成員涵蓋古笨港地區的舖會及藝團、武館。這些神明會、舖會、文武藝陣在神明生日或遶境等活動中出錢出力，特別是在每年三月媽祖生的時候，熱鬧滾滾的遶境隊伍總是掀起萬人空巷的高潮。

金福綏土地公會

虎爺會

金垂髻太子爺會

音樂性陣頭—北管

獅陣

音樂性陣頭—南管

菜舖大旗

藝閣

媽祖轎班會

祖媽轎班會

金瑞昭註生娘娘

莊儀團

閹山堂神童團

鑾駕儀仗隊

執事牌

龍陣

哨角震威團

開路鼓

大燈車

路關牌

報馬仔

民間信仰

刈火儀式

臺灣民間寺廟有前往歷史悠久、香火鼎盛或有分靈關係的大廟進香的慣俗，目的往往在於迎取大廟的香火，藉以傳承祖廟的歷史記憶或取得象徵大廟神明的靈力。例如，白沙屯拱天宮每年往北港朝天宮進香的目的，即是為了求取北港媽祖的香火。

刈火儀式時，朝天宮的住持，以金紙引取朝天宮主殿光明燈中的火，並將燃燒的金紙放入朝天宮「萬年香火爐」中，拱天宮的執事人員則不斷將金紙投入萬年香火爐中燃燒；待萬年香火爐內裝滿香灰後，法師從萬年香火爐中杓取三瓢香灰到拱天宮的火缸，儀式便告圓滿完成。

在儀式過程中，朝天宮光明燈的火，象徵朝天宮媽祖的靈力，這種無形的媽祖靈力，透過金紙燃燒形成灰的物質形式來分享、傳承並延續。

▌神像過香爐。

❶起火　　❷引火

❽登轎

❼媽祖過香爐

❻香擔過香爐

❺貼符紙

❸刈火

❹火缸入香擔

民間信仰

王爺

歷來許多生前有功於社稷鄉里，或是傳說中保護人民的男性神祇，經過敕封之後即可晉升王爵成為王爺。

千歲爺

王爺又稱「千歲爺」、「府千歲」、「代天巡狩」等，其信仰在台灣的廟祀與信眾相當興盛，相關起源複雜，傳說甚多，所祭拜的王爺神明也相當分歧，並無統一的王爺神，甚至有多位王爺的組合。

代天巡狩

王爺的職責是代替上天來人間進行「巡狩」任務、奉玉帝旨意監察人間善惡，而其手段便是「施行瘟疫」來懲戒惡人。

瘟神

「王爺」，也被視為「瘟王」，舊時瘟疫常引發集體大量死亡，往往造成民間社會的高度恐慌，因此主導瘟疫的神祇備受人們畏懼，逐漸成為民間信仰體系中地位崇高的神祇。

▌東港遶境的代天巡狩旗。

台南北門保安宮有一座王船閣，奉祀管船大王，並且陳列一艘華麗的王船供信徒參觀。

王爺故鄉

台南在台灣是開發最早的地區，建有二百多座王爺廟，大多分布在靠海區域，自古就有「王爺故鄉」之稱。

五年千歲

屬於十二瘟王系統，台灣瘟神王爺的主要信仰之一；以雲林褒忠馬鳴山鎮安宮為首，每四年舉行一次大型祭典，因民間忌諱「四」數，就將前一輪和後一輪祭典所需年數頭尾相加，合稱「五年千歲」。

南鯤鯓代天府

全台規模最大的王爺廟，位於台南北門鯤江村，創建於清朝康熙年間，主祀李、池、吳、朱、范五府千歲，分靈廟遍布全台灣各地。

台南南鯤鯓代天府。

民間信仰

迎王祭典

迎王祭典盛行於台灣南部各地，起源自對於瘟神王爺的畏懼，但隨著人們對千歲爺信仰的改變，迎王祭典的性質也漸由「逐疫」轉變為「祈福」。

迎王祭典的緣起

古籍記載，台灣迎王祭典源自早年大陸閩南地區送出的王船，可能受到洋流和季風風向的影響，漂流到澎湖和台灣南部；先民認為王船是奉命來傳播瘟疫，依例都要再度舉行醮典，祭祀後把帶著瘟疫的王船送走。

大陸王船漂流到台灣

古籍記載中國王船只出現在澎湖或是台灣南部地區，推測是受到洋流與季風風向的影響所致。

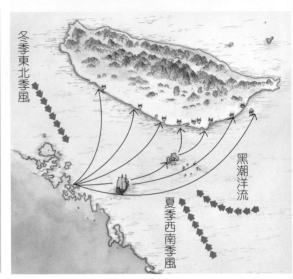

▌王船遶境。

▌迎王船祭典。

大送船

清末上海點石齋《吳友如畫寶》的「大送船」描繪中國東南沿海的送瘟船習俗。

西港刈香

由台南西港慶安宮主辦的「刈香醮典」，俗稱「西港香」（又稱西港仔香），是南瀛地區「五大香」之一，每三年逢地支年丑、辰、未、戌等，在農曆四月中旬定期舉辦。

▌西港香送王，船上工作人員沿路拋灑刈金。

台灣王爺六大流域信仰圈示意圖

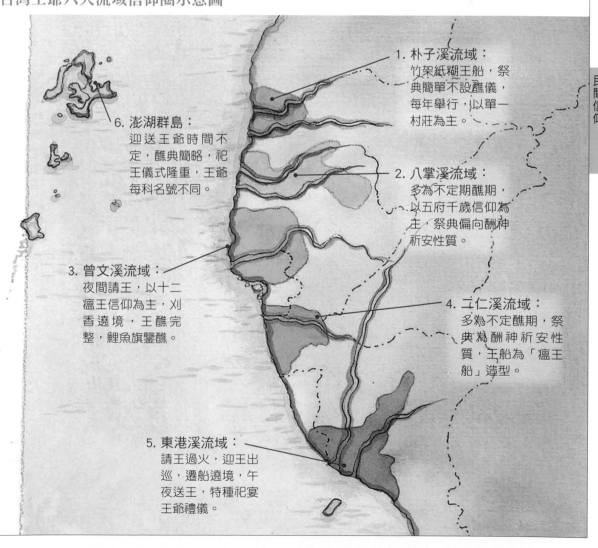

1. 朴子溪流域：
竹架紙糊王船，祭典簡單不設醮儀，每年舉行，以單一村莊為主。

6. 澎湖群島：
迎送王爺時間不定，醮典簡略，祀王儀式隆重，王爺每科名號不同。

2. 八掌溪流域：
多為不定期醮期，以五府千歲信仰為主，祭典偏向酬神祈安性質。

3. 曾文溪流域：
夜間請王，以十二瘟王信仰為主，刈香遶境，王醮完整，鯉魚旗鑑醮。

4. 二仁溪流域：
多為不定醮期，祭典為酬神祈安性質，王船為「瘟王船」造型。

5. 東港溪流域：
請王過火，迎王出巡，遷船遶境，午夜送王，特種祀宴王爺禮儀。

東港迎王平安祭典

屏東東港地區每逢丑、辰、未、戌年舉行迎王平安祭典，其特色為祭典時間長、祭典組織綿密、參與人數眾多、儀式形式與內容豐富、王船建造美觀雄偉等，尤以王船「陸上行舟」蔚為壯觀，是台灣三大宗教民俗盛會之一。

王船班役（廟前身穿藍服者）是世襲組織，約百餘人，平安祭期間需要全天輪班駐守在東隆宮，擔任護衛工作。

水邊請王

迎王祭大多以「請王」揭開序幕，而且是以早年王船漂流到岸的海邊作為請王的地點。請王隊伍和神轎群集到請王地點，舉行王令牌開光儀式，恭迎千歲爺的駕臨。

過火安座

請王後，千歲爺王令和神轎要依序通過火堆，並且在王府周圍升起帥燈、帥旗，表示千歲爺前來巡狩。

王駕出巡

活動期間會連續幾天舉行代天巡府千歲爺出巡遶境活動，為地方除穢驅邪、祈福安民。出巡隊伍途經各地廟宇的神轎參拜、陣頭拜廟等，是十分熱鬧的遶境活動。

▌東港王船出巡陣頭。

放榜安民

千歲爺進駐王府的第一件大事，就是「放榜安民」，把今年巡狩的宗旨和目的書寫在榜文上，張貼在四處重要路口公告周知。

▌「放榜安民」的榜文。

東港迎王平安祭典在東隆宮正殿搭設代天府牌樓，作為主要祭典場所。

東港迎王平安祭典夜間遷船遶境。

王船法會

東港平安祭典在王駕出巡後舉行王船法會，代
替一般的王醮或瘟醮；儀式中祭獻各路瘟神、
神降、使者，祈請其前來消除瘟疫之氣。

陸上行舟，屏東東
港迎王船祭典王船
遶境。

遷船遶境

祭典倒數第二天,王船遶境(遷船)是送王前最重要的活動,有押煞逐疫的重要意義。身軀龐大的王船繞行在不寬的街道中,構成「陸上行舟」的壯觀景象,特別引人矚目。

偃旗息鼓

在王船點火燃燒時,所有參與送王的隊伍必須收起旗幟並禁止敲動鑼鼓,其用意是避免被驅離的瘟神、疫鬼再度循聲而回。

水邊辭王

迎王祭典中,王船是最顯著的視覺焦點,祭典中多以送王船、火化王船作為祭典尾聲。在熊熊烈火燃燒下,人們祈求威嚴、慈悲的王爺,搭乘信徒虔誠打造的王船,押送瘟神、疫鬼遠離人間。

▌火化王船代表將瘟神、疫鬼驅離,為鄉里求得平安。

民間信仰

建造西港王船

西港香的王船可以說是台南地區的典型，通常在祭典舉行前二至三個月前完成，建造過程中相當注重相關儀式，是西港王船的主要特色。

台南王船閣的西港香王船。

王船的演變

王船是宗教儀式中的一種法船，因為有以船驅送瘟疫的意涵，也被稱為「瘟船」。在台灣，法船是王爺所乘坐的，故稱為「王船」。早年王船船身多用木造，送王儀式多降王船放流水面的「遊地河」方式進行。清初時期則有用竹篾為骨架，以彩紙糊製船身的王船，並且是以「遊天河」的火化形式送王。

1. 取艍
以占卜選取巨大榕樹幹，並且擇日祭祀後砍伐，作為王船龍骨的神材。

2. 開斧
擇期祭祀魯班公，象徵性的在龍骨神材上輕砍一斧。

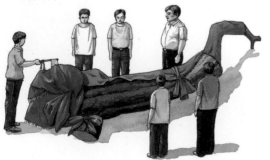

3. 請艍
龍骨刨製完成、施塗朱漆，再迎送到請王地點，請道長舉行開光儀式，賦與神性。

4. 合艍底
在龍骨前段鑿一方洞，祭祀廠官爺後置入金幣並且封存，以求吉利。

5. 製作骨架
把木料刨製成如肋骨的彎曲木材，固定在龍骨上，組合成王船骨架和船艙。

6. 製作船板和船艙
用木板包覆王船骨架外圍，製作出隔艙、甲板、王爺室和媽祖樓等。

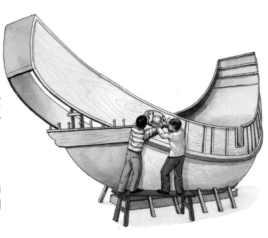

7. 安龍目
用木材做成圓形龍目，固定在王船船身前方兩側，賦予王船神靈。

8. 安坎巾和獸面鏡
用紅布固定在王船正面的船板上，布上安置一面圓形銅鏡，作為辟邪。

9. 安桅頭
把十二條繫著銅錢的五色線，固定在王船正面船板上，有吉利和辟邪之意。

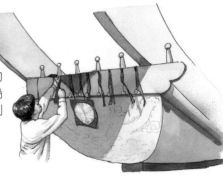

10. 彩繪裝飾
請師傅在船體上彩繪圖案，船頭畫上劍獅與雙龍，船身兩側畫上八仙、財神、龍頭鳳尾等圖樣。

11. 出澳進水
把船錨放入盛水水缸中，並且灑水在船身四周地面，象徵王船出廠進港。

民間信仰

建造東港王船

台灣各地王船的材料、製作和儀式有所不同，其中屏東東港信徒使用檜木做為王船的主要材料，並且嚴格遵照清代泉州三桅船的形制建造，因此東港王船是可以真正下水航行的。東港王船大多在儀式前一年完工，並且供奉在王船廠中供信徒捐獻、欣賞。東港送王時火化王船的壯觀場景，成為信眾津津樂道的宗教盛事。

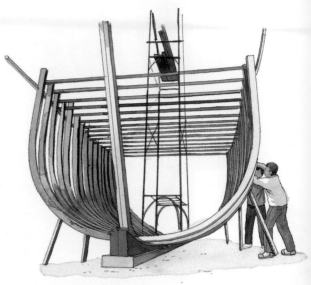

1. 製作龍骨及骨架
用堅硬的檜木，刨製成龍骨和數十根彎形側骨，將側骨固定在龍骨上，組合成王船骨架。

2. 立艙
擇期祭祀中軍爺，潔淨龍骨後，在王船前方立上一片U形船板。

3. 製作船板〈大波〉
刨製多片長彎板，一一拼接在王船側骨上。

4. 製作隔艙和甲板
用木板製作隔艙、甲板和王爺室、船長室等。

5. 完成船體
王船隔艙甲板製作完畢，在船板間填充防水材料，船體製作便告完成。

6. 安龍目
用木材做成圓形龍目，固定在王船船身前方兩側，賦予王船神靈。

7. 彩繪裝飾
   請師傅在船體上彩繪圖案，船頭
   畫上天官賜福與雙龍，船身兩側
   畫上八仙、四聘賢、四不足、行
   龍等圖樣。

8. 王船公開光
   請道長舉行開光儀式，王船公賦
   予神靈，以掌管王船航行事務。

9. 王船開光
   主事者手持硃筆及開光鏡，敕點王
   船船頭兩側的龍目，賦予王船神
   靈。接著分別敕點船上的神仙、神
   獸、水手等。

屏東東港迎王平安祭典的王船遶境活動。

龍山寺

台灣龍山寺源自福建泉州晉江安海龍山寺，
主祀觀音菩薩。全台著名的五座龍山寺，依
建置先後為台南、萬華、鳳山、鹿港、淡水。台灣
龍山寺的建築規模和精美，堪稱是台灣傳統工藝的極致表
現，廟內的祭典、廟會也是鮮活的常民文化大觀。

▌鳳山龍山寺。

台南龍山寺

為府城「七寺八廟」之一，建於清雍正年
間（1715）主祀觀音菩薩，自泉州安海龍
山寺分靈而來，幾經整修，現已為鋼筋水
泥建築。

萬華(艋舺)龍山寺

位於台北市萬華區，主祀觀音菩薩的著名
古剎。乾隆三年（1738）由泉州三邑人捐
建，整體建築精美華麗，名家之作豐富，
為直轄市定古蹟寺廟，也被外國遊客列為
台北必遊景點。

▌台北萬華龍山寺。

鳳山龍山寺

位在高雄鳳山，為台灣五座龍山寺當中，
位置最南邊者；屬國定古蹟寺廟，建於清
朝乾隆年間。雖幾經重修，該寺之正殿、
拜殿、拜亭仍呈現原先形貌，其泥塑雕工
以精緻著稱。

鹿港龍山寺

位於彰化鹿港，主祀觀音菩薩，自泉州安
海龍山寺分靈而來，肇建於乾隆五十一
年(1786)，屬國定古蹟寺廟；建築雕工之
美，格局完整，被譽為「台灣紫禁城」。

觀音信仰

觀音菩薩圖像十分常見，但是種類多，變化大。佛教經典上說觀音菩薩的悲心廣大，眾生遭遇災難，只要一心稱念觀世音菩薩名號，菩薩立即尋聲解難，協助信眾離苦得樂，故有「大慈大悲觀世音菩薩」的稱呼，以及「家家阿彌陀，戶戶觀世音」的讚譽。

▌傳說千手觀音菩薩有「千手千眼」，慈悲的觀音菩薩看到眾生的需要，立刻伸手去幫助。

觀音菩薩

東亞民間廣受崇拜的菩薩，又稱為「觀世音菩薩」、「觀音媽」、「觀音佛祖」。在台灣，觀音菩薩是民間信仰「家堂五神」─觀音菩薩、媽祖、關聖帝君（另說玄天上帝）、灶君、土地公的首位。

▌鹿港龍山寺。

淡水龍山寺

建於咸豐八年(1858)，主祀觀音菩薩，泉州安海龍山寺分靈而來，直轄市定古蹟寺廟。

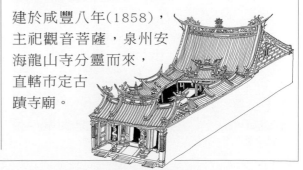

▌觀音菩薩(金山法鼓山)。

民間信仰

城隍爺

「城隍」信仰源自於古時對城牆與護城河的崇拜，後來逐漸人格化為陰間的地方官—「城隍爺」。城隍爺是地方行政中的司法神，掌管人間善惡的記錄、通報、死者亡靈審判和移送之職。

城隍信仰

人間有縣長，掌理一地的行政事物，辦公的地方為縣府；神界有城隍爺，是賞善罰惡、嚇阻犯罪的仲裁者，坐鎮在城隍廟。民間信仰中，人們把城隍爺當作主持公理正義、安定社會的司法神，做壞事的人終究會面對城隍爺的審判，得到應有的懲罰。

城隍爺就像舊時的縣令，隨從有文判官、武判官、七爺、八爺和排爺等。

城隍爺。

新竹都城隍廟參拜信眾。

民間信仰

台南台灣府城隍廟。

台灣府城隍廟

位於台南市青年路,是台灣歷史最悠久的城隍廟,相傳建於明永曆二十三年(1669),被列為國定古蹟寺廟。廟中擁有為數眾多的匾額和楹聯,三川殿門前的龍柱與石獅,雕工細緻,栩栩如生,值得細細品味。

爾來了

台灣府城隍廟正殿前高掛一塊「爾來了」匾額,警世意味十分濃厚,也象徵著城隍爺無上的權威;匾額與台南天壇(天公廟)的「一」字匾、竹溪禪寺的「了然世界」匾,合稱府城三大名匾。

七爺八爺的故事

民間傳說七爺與八爺從小情同手足,有一天他們出外辦事,途中遇到下雨,身材高大的七爺自認腳程較快,趕回家拿傘,並且要八爺在橋下躲雨等候。不料七爺走後,雷雨傾盆、河水暴漲,矮小的八爺不願失約而被洪水淹死。七爺回來時聽到八爺噩耗,痛不欲生就在橋下上吊。閻王爺為嘉勛其重信崇義,特別任命他們擔任城隍爺侍從,負責捉拿不法之徒。

八爺。　　七爺。

城隍廟

城隍爺是地方官,地位有如人間的縣長;城隍廟是城隍爺的辦公處所,所以城隍廟建築配置是仿照古時縣署。

新竹都城隍廟

台灣香火最盛的官祀城隍廟,由三川殿、鐘鼓樓、正殿、兩廊、後殿等組成,是形制相當完備的廟宇建築。廟中三川殿的各項石雕、木雕和八角藻井的造型優美、技藝純熟,值得欣賞建築之美。

正殿

寺廟中主要的祭祀空間,主祀城隍爺神像,兩側陪祀文、武判官或是陰陽司公,以及牛爺、馬爺、排爺等幕僚人員,好像昔日縣府衙門的公堂。

▌新竹都城隍廟三川殿。

城隍廟與縣署建築對照圖

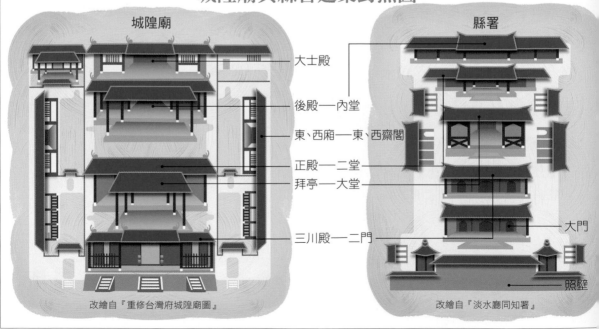

城隍廟

縣署

大士殿

後殿──內堂

東、西廂──東、西齋閣

正殿──二堂

拜亭──大堂

三川殿──二門

大門

照壁

改繪自『重修台灣府城隍廟圖』

改繪自『淡水廳同知署』

三川殿

走進寺廟，首先看到有三門的寺廟前殿建築，稱為「三川殿」，有「人潮川流不息」的意涵。三川殿上方屋脊分為中段高、左右略低的三段脊，使得寺廟立面更多變化，加上採光良好，成為寺廟建築裝潢的重心；還有門神、石獅、龍柱、牆面雕畫等，值得駐足細心欣賞。

▌新竹都城隍廟正殿，上方有清光緒皇帝御賜的「金門保障」匾額。

後殿

安置同祀神明的祭祀空間，城隍廟後殿則有安置城隍爺的眷屬如城隍夫人、城隍少爺等。

門神

三川殿的門神是廟宇繪畫最醒目的地方。門神是為了捍衛寺廟門戶，突顯主祀神明的地位。佛寺常見門神是四大天王或是哼哈二將，城隍廟多以朝官、衙差，或是神荼、鬱壘為門神。

▌新竹都城隍廟門神。

民間信仰

城隍爺遶境

遶境，又稱巡境或是出巡，是指寺廟的主神利用生日或是特別日期出廟巡視，類似今日地方首長巡視基層，是重要的民間信仰習俗。遶境的出巡查訪，可以確立神明所管轄的範圍，更能藉由神明的力量，把地方上不好的事物，如瘟疫或厄運驅除。

▌迴避、肅靜執事牌。

暗訪

城隍爺遶境的前一晚常會有「暗訪」活動，暗訪時停鑼息鼓、默默巡行，以避免驚擾邪魔，而由七爺、八爺執行驅魔除惡的任務。

報馬仔

報馬仔是遶境最前面負責報信探路的人，其造型相當特殊，眼戴老花眼鏡，手拿銅鑼，肩挑雨傘，上面掛著豬腳，一腳赤足，一腳穿草鞋，象徵辛苦卻不以為意。

▌霞海城隍廟。

城隍爺遶境隊伍

哨吶　　八爺　　七爺　　鼓鈸　　涼傘

大稻埕老街霞海城隍祭。

霞海城隍祭

台北迪化街(昔稱大稻埕)的霞海城隍廟因為地方商業繁榮、香火鼎盛,每年農曆五月十三日城隍爺誕辰都舉行盛大廟祭,有「五月十三人看人,迎神賽會甲天下」的美譽。

鑽轎腳

信徒趴跪在路面,讓神轎從身上通過,可受到神明護佑,保平安。

涼傘

直筒圓形的造型,彩旗繡有城隍爺的名號,以八仙或是龍鳳為圖案。沿途要不斷地旋轉,供城隍爺遮陽歇涼用。

執事牌

執事身穿寫著「兵」、「卒」的衣服,手持「風調雨順」、「國泰民安」、「肅靜」、「迴避」等彩牌,以及刀、槍、矛、斧、龍頭等各式武器。

城隍爺轎

遶境隊伍

台灣城隍廟舉辦城隍爺出巡，往往規模盛大，動員人力眾多，所以有的每年舉辦，也有的多年舉辦一次。每年農曆五月十三的台北大稻埕霞海城隍廟的城隍爺出巡最負盛名。

路關牌

排在遶境隊伍最前鋒，牌上書寫著遶境的路線。

哨角隊

哨角隊的樂器包括：哨角、鼓鈸、嗩吶等。

開路大鼓

為隊伍開路的大鼓隊。

繡旗隊

繡旗隊成員頭戴斗笠，身穿清代士兵服，手持頭旗或大旗長條繡旗。

轎前吹

轎前吹是神轎前的樂班，通常以北管樂為主，樂器包括嗩吶、鑼鼓等，當神轎入廟停駕或起駕時，轎前吹會在一旁演奏。

城隍神

涼傘

長老

路關牌　頭燈

頭旗

報馬仔

哨角　鼓鈸　嗩吶

開路大鼓

馬頭鑼

傳說響亮的鑼聲有驅邪趕煞的作用，遶境隊伍經過喪家、墓地、過橋、地下道時都必須連續敲鑼，直到隊伍通過。

城隍爺轎

神轎是神明遶境坐的轎子，由多人轎班扛抬；沿路民眾會燃放鞭炮，代表對神明的敬意。

莊儀團

莊儀團又稱將軍團，包括七爺、八爺、文判、武判等。其中七爺與八爺手中的法器改為扇子和手帕，表示昨晚暗訪已經肅清奸惡，此時無公務在身、輕鬆自在。

城隍廟

隨香隊

托燈

虎爺　　轎前吹

大旗

香擔　　馬頭鑼

印童

劍童

八爺　七爺　武判　文判　　　執事牌

民間信仰

三山國王

發源於中國廣東粵東地區的民間信仰，廣東三座山—獨山、明山、巾山的三位山神，隨著當地移民向外擴展，成為粵東、香港、台灣及東南亞等地的民間信仰。

明山國王

獨山國王

三山國王傳說

三山國王事蹟傳說很多，一說唐朝元和年間，韓昌黎被貶為潮州刺史，當時潮州霪雨為患，韓昌黎向三山神明祈求並且度過難關，事後便祝文奉祀三神；又有宋代趙匡胤開國時，潮州太守向三位山神祈禱，協助趙匡胤平亂，因此太宗敕封巾山為「清化威德報國王」、明山為「助政明肅寧國王」、獨山為「惠威弘應豐國王」。種種傳說道出「三山國王」名稱的由來，也說明三山國王成為潮州先奉為守護神的原因。

▎台南市三山國王廟。

▎新莊廣福宮。

古蹟級三山國王廟

目前台灣有一百三十座以上的三山國王廟，其中五座建廟達二百年以上，並且已被列為古蹟寺廟保護：
新莊廣福宮(建於1780年)
雲林三山國王廟(建於1809年)
鹿港三山國王廟(建於1737年)
台南三山國王廟(建於1742年)
屏東九如三山國王廟(建於1651年)

巾山國王

客家的守護神

潮州客家人大舉移民來台，拓墾山區面臨荒地貧瘠、瘴疫蔓延，常以三山國王為入山祭祀的保護神，祈求避禍得福、轉危為安。三山國王廟也代表著客家族群在台灣拓墾的足跡。

三山國王廟後殿通常陪祀著三山國王夫人。

民間信仰

客家義民信仰

「義民」是台灣客家族群的特殊信仰，有南忠勇、北義民之分。南部祭祀的「忠勇公」是源於康熙年間朱一貴事件、清代衛鄉平亂及抗日死難的義民。北部奉祀的是清朝林爽文和戴潮春事件犧牲的「義民爺」。

新竹新埔義民廟。

土地公

又稱福德正神，是民間信仰中最普及、信徒最多的神祇，原本只是農業之神，後來演變成為家宅、村落、水源、墳墓守護神，商家的財神、山神等等多重職務。

土地信仰

先民認為土地公是專司土地的神明，農作物的收成、家禽家畜飼養，都在土地公的執掌範圍。早期來台以墾荒和農耕為主的先民，對土地公更加虔誠崇拜。

花蓮玉里土地公廟—福德宮。

中和烘爐地土地公。

福德正神（淡水福佑宮）。

春祈秋報

民間盛行農曆二月初二是為春祭土地公，祈求福氣；八月十五為秋祭土地公，為答謝庇祐，是謂「春祈秋報」。這兩天除準備牲禮祭拜，另外在土地公廟前演出酬神戲，或稱平安戲。

土地公基本造型

頭冠
員外帽、布帽等。

容貌特徵
白面、黑面等。

服飾紋理
鳥賀紋、壽字紋等。

座椅
多為明式圈足椅。

手持物
穀穗、如意或元寶等。

鞋履
壽字紋或如意紋鞋頭。

 福德正神（坪林）。　　福德正神（基隆）。

作牙

民眾在農曆每月初二、十六，準備祭品祭拜土地公，稱為「作牙」。

伯公

客家人稱土地公為「伯公」。

三粒石土地公

即「石棚」土地公，是台灣最早期的土地公祭拜形式，先民是採最原始的「土社」、「石社」來祭拜土地公，尤其是田頭田尾的土地公更是立石為社。

桃園廣興村的三粒石土地公。

虎爺

台灣廟宇中所供奉的虎爺，有虎將軍、虎爺將軍以及虎爺公等不同的尊稱。虎爺追隨的主神以保生大帝和土地公為主，這與民間流傳保生大帝、土地公的伏虎傳說有關。

地虎與天虎

台灣虎爺分為二個系統，被供奉在神桌上的是「天虎」，是神明的隨從神或是鎮殿神；供奉在桌下的是「地虎」，主要是各神明的坐騎。天虎系統的虎爺數量較少，大多分布在嘉義地區的廟宇。

▌神桌上陪祀的虎爺（天虎）。

▌神桌下的虎爺（地虎）。

虎爺的位階

虎爺在台灣廟宇中是最常見的動物神，也被賦予多重的神性，因此虎爺受供奉的地位也有三種形式：由最早的供桌下方，逐漸有部分提升到桌上陪祀，再到獨立成為主神的地位。

▌虎爺主神。

虎爺的造型

傳統觀念認為虎爺就是老虎，多以老虎原型塑像，但是姿態具有多元性，反映出常民文化的多采多姿。

近代因為虎爺在人們心中的形象，由動物神轉化為人格神，才出現虎頭人身或是人身戴虎帽的造型。

虎原型的虎爺

最傳統的造型，腳下踩著紅色圓形木片，象徵跨越太陽。

▌虎頭人身虎爺。

虎頭人身的虎爺

左腳踩太陽，右腳踩月亮，雙手持刀與劍，象徵威儀橫跨日月陰陽。

人身虎爺

頭戴著虎頭帽，成為人形化的虎爺。

▌虎爺遶境。

民間信仰

齋教

齋教在清代從中國傳入台灣，日治時期曾經盛極一時，全台多達二百多座齋堂，信徒人數眾多，近年來由盛轉衰，但其在台灣宗教史上曾扮演重要角色。可讓人了解台灣佛教的多元面貌和傳統基礎所在。

▌台南報恩堂（先天教）門屋正立面圖。

三大教派

台灣的齋教分為龍華、金幢、先天三大教派，各有特色，但是信徒都帶髮持齋守戒，共同崇祀觀音佛祖，是在家佛教的一脈。

齋堂

齋堂俗稱「菜堂」，是信徒舉行法會、儀式的場所，也是齋友們聚會的空間。

民宅式建築

齋教是明清時期官方嚴令禁止的民間宗教，為了隱匿身分、避免遭到查禁，齋堂建築的外觀與一般華麗的廟宇建築不同，採用大眾居家形式，所以從齋堂外形很難察覺出是宗教建築。

▌龍華教的《龍華科儀》，中排是羅、殷、姚三位祖師(中、又、左)，下排則是城隍爺(右)和福德正神(左)。

台南西華堂正立面圖

右外護龍
右內護龍
側院門
右側殿(七祖廳)
本堂入口凹壽

本堂

由神佛空間(佛祖廳)、神祖空間(七祖廳、祿位廳)、護法房、新眾房、敬茶房等組成，是齋堂裡供佛、祭祀的主要空間。

內家鄉

齋堂本堂的佛祖廳內部，俗稱「內家鄉」，供奉祖師畫像，是神聖而崇高的空間，禁止閒人隨便進入。

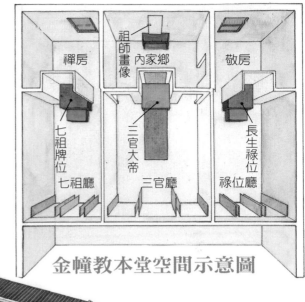

金幢教本堂空間示意圖

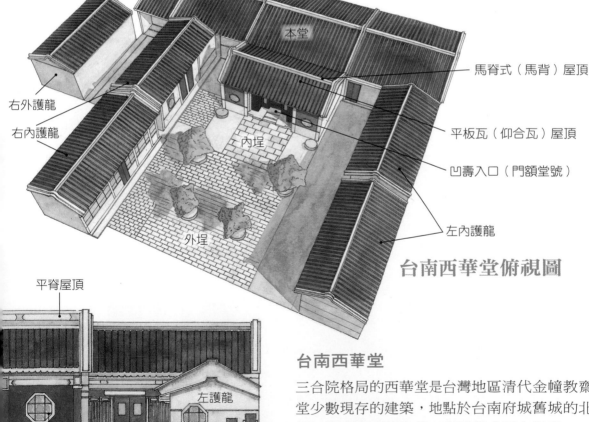

台南西華堂俯視圖

民間信仰

台南西華堂

三合院格局的西華堂是台灣地區清代金幢教齋堂少數現存的建築，地點於台南府城舊城的北側，坐東向西的方位，意涵著「面向祖堂」，具有齋堂建築的代表性與歷史價值。

建醮

建醮是指僧道設壇祈神的大規模祭典，如果舉行三天稱為「三朝醮」，五天則稱為「五朝醮」。

台北芝山巖惠濟宮舉行五朝醮。

清醮

清醮是祈求平安的祭典。

水火醮

水火醮是消除水火災的祭典。

瘟王醮

瘟王醮是掃除瘟疫的祭典。

慶成醮

慶成醮是慶祝廟宇落成的祭典。

迎王平安祭典中的道士團。

鑑醮

醮典除了本廟的神明外，還要邀請其他廟宇的神明前來參加，稱之為「鑑醮」。

道士團

大規模的祭典需要延請道士團設置道場、搭醮壇，並進行各種科儀。

紙糊神像

紙糊神像是醮壇的守護神,常見的有大士爺、溫康馬趙四元帥、朱衣公、金甲神、山神、土地等,祭典結束後將其火化。

▎大士爺(中)及元帥紙糊神像。

豎燈篙

燈篙是用帶尾的長竹子掛上天燈、七星燈等,在建醮法會前數日,要先豎燈篙,被視為請神的重要器物,祭典結束後,還要舉行謝燈篙儀式。

▎基隆中元祭主醮壇。

民間信仰

藝陣

藝陣，又稱為「陣頭」，是神明出巡遶境隊伍中的表演團體。台灣民間信仰發達，也促使藝陣的蓬勃發展。藝陣的種類相當多元化，起源也各自不同，象徵著豐富的民間藝術傳承。

▌很有特色的家將臉譜。

▌震耳的大鼓最能帶動廟會熱鬧氣氛。

藝陣組織

台灣藝陣大多是業餘組織，藝陣成員是社區子弟也是信徒，利用閒暇組隊集訓，以便在宗教慶典上場表演獻藝。參加藝陣可作為休閒娛樂或是習藝練舞，廟會演出是服務鄉里、參與地方公務的具體表現。

台灣式行動劇場

台灣傳統生活是以「廟宇」為重心，廟宇也是台灣民間的文化中心，寺廟建築、雕刻、彩繪是常態的藝術展覽；廟埕戲台好像演藝廳，上演各種野台戲；廟會時沿街表演的民俗藝陣，就像是台灣式的「行動劇場」。在迎神祭典中，藝陣扮演重要腳色，不僅為廟會活動增添熱鬧氣氛，也促使許多民俗技藝得以保存。

▌廟會活動中的大型七爺神將。

▌雲林大廍花鼓陣娃娃。

花鼓娃娃

雲林褒忠鄉把鄉內沒落的花鼓陣結合社區發展，組成了以婦女為主的「大廍花鼓陣」，成為全國知名的地方藝陣文化。有心人士特別製作大廍花鼓娃娃，表情有趣、姿態生動，令人愛不釋手。

民俗藝陣的種類

宗教類

家將、十二婆姐、大仙尪仔(神將)、蜈蚣陣、五毒大神等扮演神兵神將的陣頭。

音樂類

北管陣、南管、八音、鑼鼓陣、哨角隊、漢西樂隊等,以行進方式演奏音樂的民間音樂團體。

歌舞類

車鼓陣、牛犁陣、桃花過渡等,通常是載歌載舞、簡單劇情的歌舞小戲。

遊藝類

藝閣、花車、布馬陣、公揹婆、跑旱船、水族等,以遊街展演方式。

武術類

台灣獅、宋江陣、高蹺陣等,具有武術表演性質。

體育類

舞龍、舞獅等民俗活動。

其他類

鬥牛陣、素蘭出嫁等。

甩籃

有些車鼓陣增加「甩籃」的技藝表演,表演者將裝有茶水或是糖果的竹籃,用長繩很有技巧的甩給觀眾,觀眾取得籃內物品同時回敬賞金,表演者即興表演歌曲以示感謝,這被稱為「採茶車鼓」。

▌甩籃。

▌新瓦屋花鼓隊。

▌高雄內門宋江陣排練。

▌羅漢花鼓陣。

民間信仰

宗教類藝陣

八家將

八家將是指八位神明的專屬部將，負責護衛神明，並協助執行任務。家將必須畫臉譜，手持羽扇、戒棍、枷鎖、令旗、令牌、金光鎚等法器。

▋新竹長和宮迎神廟會的八家將陣頭。

▋官將首。

官將首

官將首有三位，與八家將的主要區別是，動作較為陽剛。官將首亦須畫臉譜，手持三叉戟、手銬、火籤、虎牌等刑具。

▋台南學甲十二婆姐陣。

十二婆姐陣

十二婆姐陣是「三十六宮婆姐」簡化而來，通常由十二位男性戴著女性的面具，穿著裙裝，手撐雨傘，扮演守護兒童的神明。根據民間習俗，只要讓婆姐的手撫摸過，幼兒病痛或是婦女疾病就可以康復。

▌迎神廟會的神將陣頭。

神將團

神將又稱大仙尪仔，是神明的護駕，身長約成人兩倍，內部中空，一人在裡面扛抬，行走時雙手大幅擺動，以示威嚴。常見的神將有千里眼、順風耳、七爺、八爺、土地公、太子爺、彌勒佛等。

蜈蚣陣

又稱「百足真人陣」或「百足陣」，也稱「蜈蚣坪」或「蜈蚣閣」。在遶境隊伍中，通常扮演開路先鋒的角色，到達廟宇時會繞廟三圈，也就是「圈廟」。蜈蚣陣的結構是以多節長塊木板串接，每節上置一椅座，共有三十六至一百零八個，上面坐著化裝成神仙或歷史人物的孩童。

▌蜈蚣陣。

▌大型神將團神偶。

民間信仰

武術、體育類藝陣

龍陣

舞龍不僅烘托節慶熱鬧的氣氛，龍本身即具有吉祥的含義。龍陣的長度由九節到一百零八節不等，每節約一、二公尺。在表演過程中，龍珠是龍陣的指揮，龍頭隨著龍珠移動，稱為「龍搶珠」。

獅陣

台灣廟會中的舞獅，俗稱「弄獅」，所組成的團體叫「獅陣」，其種類依造型的不同，可分為閉口獅、開口獅、醒獅、北方獅。閉口獅亦稱犻籤仔獅，為中南部特有的造型，北部以開口獅居多。醒獅流行於中國兩廣地區，又名「兩廣獅」。北方獅又名「北京獅」，體型較小，金頭長毛。

▌舞龍。

▌廟會中的舞獅。

高雄內門宋江陣。

宋江陣

宋江陣是清代台灣社會多族群衝突，各村莊多自組武陣以保衛家園，於農閒時集合壯丁練習。後來成為一種集合數十人以上演出的武術表演，成員每人各持一種兵器，共有數十種之多。宋江陣發展到後來，有的加入獅或白鶴等祥獸，衍生出「金獅陣」與「白鶴陣」，與宋江陣合稱為「宋江三陣」。

薪傳獎得主何國昭是著名的宋江陣老師傅。

高蹺陣。

高蹺陣

高蹺陣是一種特技性的表演，表演者雙腳踩在釘有腳踏板的木棍上，憑著熟練的技巧與平衡感，表演行走、進退、跳躍等動作。

民間信仰

歌舞、遊藝類藝陣

車鼓陣

車鼓陣，又稱「弄車鼓」，是一種搭配音樂伴奏的歌舞表演，車鼓是指兩種樂器，「車」是指「四塊」、「鼓」是指「鈴鼓」。基本成員包括「旦」和「丑」兩個角色，兩人相互戲謔，一唱一答，演唱的曲調被稱為「車鼓調」。

車鼓陣的服裝造型很隨性，旦角努力賣弄風情，丑角強調滑稽搞笑，逗得觀眾哈哈大笑。

水族陣。

水族陣

水族陣是由人扮演海中的魚、蝦、龜、蚌等水族生物，經常與跑旱船配合表演。

花鼓陣

花鼓陣是一種身體隨著鑼鼓節奏而躍動的舞蹈表演。基本成員包括一人執頭旗、一人揹大鼓、二至四人執涼傘、四至八人執銅鑼。頭旗是全陣的總指揮，大鼓與銅鑼是主導表演者舞步快慢的伴奏樂器。

車鼓陣。

雲林大廍花鼓陣。

北港藝閣花車。

藝閣

藝閣也稱「詩意閣」，早期的藝閣俗稱「坪棚」或「閣棚」，早期用木板和木棍架成，上面坐著身著古裝、手抱琵琶的藝旦，由四至八人扛抬。藝閣的題材，大多取材於歷史典故、民間傳說或戲曲故事。

跑旱船

跑旱船是路上行舟，模仿船在水中航行的樣子。其方式是一位姑娘站在中空的船身中，另外搭配一位船伕，手中持槳或篙，在船前後左右跟著跑，十分逗趣。

跑旱船。

布馬陣

布馬陣的主要角色有騎馬者與馬伕，演出模式是行進中因馬匹誤入泥沼而人仰馬翻，大家便你拉我扯地將人馬拉出，最後終能化險為夷，平安上路。

布馬陣。

民間信仰

藝閣

知名藝閣大師顏崑池曾說：「一座藝閣的產生，需要動不少腦筋，單就醞釀規劃就要好幾個月。從題材選擇、整體造型、人物角色、聲光搭配、服裝設計、時代背景、音樂規劃等，一點都不能含糊。」藝閣融合了建築、音樂、美術、文學、彩繪、歷史、宗教等民俗藝術，仿若一座會移動的舞臺劇場。

❶ 配合故事主題，製作龍鳥蟲獸、宮廷牌樓等裝飾以營造氣氛。

❷ 裝扮傳奇、歷史人物的小朋友，穿著精美的古裝服飾，為藝閣整體造型增添古意與美感。

❸ 車身兩側多有繁複的垛窗造型，內鑲嵌彩繪藝師為藝閣量身訂做的作品，精巧別致、獨具匠心。

北港朝天宮前藝閣遊行。

❹ 燈光裝置使藝閣在夜間依然璀璨亮麗。

❺ 北港藝閣主要用途是迎神，書寫「恭迎聖駕」，表現對神明的虔誠與尊敬。

❻ 華麗的宮燈裝飾。

❼ 車頭綴有主題招牌，書寫藝閣展演的主題名稱。

❽ 贊助鋪會名稱。

周珊瑢／繪

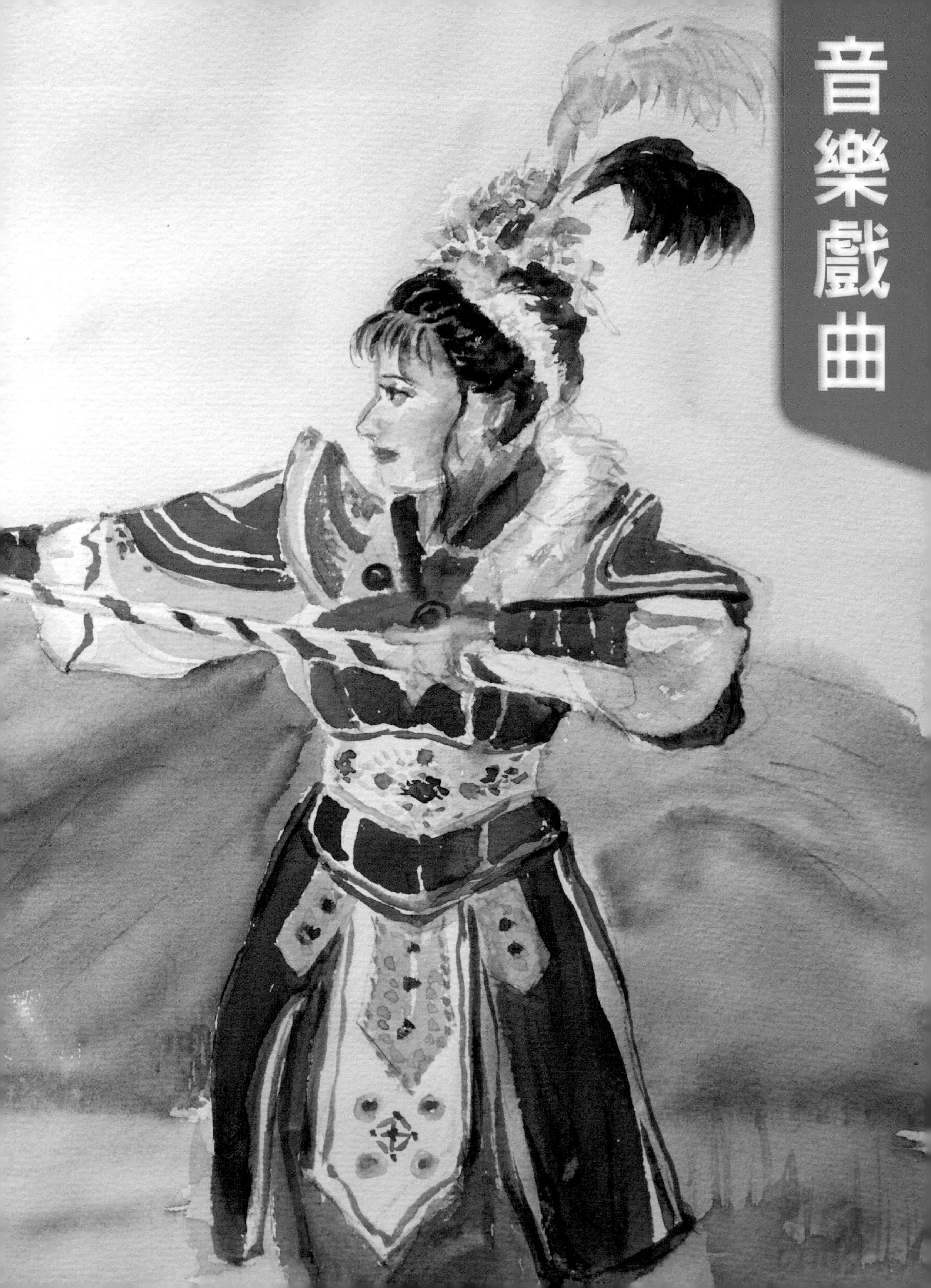

南管

南管，又稱南音、絃管、南曲、南樂、郎君樂、郎君唱，發源於福建泉州，流行於閩南、台灣以及東南亞等地。

▌民族薪傳獎得主陳學禮
彈奏南管琵琶。

上四管

上四管是指琵琶、洞簫、三絃、二絃四種主要樂器。

下四管

下四管是指響盞、雙鐘、叫鑼、四塊四種打擊樂器。

十音

上四管、下四管加上拍板及玉噯（小嗩吶）共十種樂器合奏，稱為十音。

指曲譜

南管音樂可以分為三大類：

「指」為套曲，為南管音樂開場曲。

「曲」為散曲，以上四管伴奏，唱曲者手執拍板唱曲。

「譜」為純器樂演奏曲，排在節目尾聲時演奏。

三絃　琵琶　洞簫　拍板　二絃

▌北港集斌社的南管表演。

▌台南西港王船祭,宴王祭典中的南管陣演出。

梨園戲

南管戲曲稱為梨園戲,分為小梨園和大梨園的上路、下南三流派,各有其保留劇目「十八棚頭」和專有曲牌。打擊樂以獨特的壓腳鼓為主,極為特殊。

御前清曲

傳說清康熙五十二年,萬壽祝典,大學士李文貞以南樂沈靜幽雅,徵求故里高手五人進京,合奏於御苑。康熙皇帝大悅,要授以其官職,但他們沒有接受,乃賜以綵傘宮燈以歸。因此,南管又稱為「御前清曲」。

郎君祭

南管館閣每年舉行春秋兩次的郎君祭,祭祀祖師爺孟府郎君以及先賢。

▌御前清曲演出。

音樂戲曲

北管

北管是中國北方音樂的統稱，是與南管相對而言。又分為福祿和西皮兩派，主要樂器有嗩吶、鑼鼓、絃樂等。

▌西秦王爺。　　　　▌田都元帥。

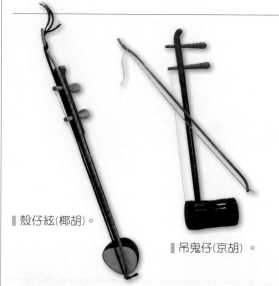

▌殼仔絃(椰胡)。

▌吊鬼仔(京胡)。

福祿

福祿又稱古路，屬梆子體系，頭手絃使用的樂器是殼仔絃（椰胡），奉祀「西秦王爺」為祖師爺。

西皮

西皮又稱新路，屬皮黃體系，頭手絃使用的樂器是吊鬼仔（京胡），奉祀「田都元帥」為祖師爺。

北鼓

▌打北鼓者(圖右)是北管的指揮。

北鼓

又稱「拍鼓」，北管樂以打北鼓者為指揮，演奏時大家要根據指揮的打擊方式來配合。

工尺譜

北管音樂記錄樂譜是用漢字記譜,又稱為「文字譜」。北管的絃吹樂器用「工尺譜」記譜,工尺譜以「上、ㄨ、工、凡、五、六、乙」七音為基本音階,相當於西樂的中音部分Do到Si的音階。

■ 廟會中的北管陣。

亂彈戲

北管戲曲稱為亂彈戲,用中原官話唱念,有俗諺云:「豬肉食三層、看戲看亂彈」,顯示相當受到歡迎。

■ 扮仙戲。

扮仙

扮仙是北管重要的表演項目,多半在廟會慶典與祝壽喜慶等時候應用。例如扮三仙是福祿壽三仙慶賀的內容:開場的鑼鼓聲與吹場後,福、祿、壽星分別出場,向神明祝賀,也為信徒祈福。

■ 嗩吶。

音樂戲曲

歌仔戲

歌仔戲發源於台灣宜蘭，約產生於二十世紀初，其曲調是吸收民間小戲與民謠而來，其歌詞每節四句，每句七字組成一句，用閩南語演唱。發展過程吸收了許多大戲的元素，逐漸形成完整的戲劇表演，由於貼近民眾生活，很快就受到歡迎。

▌日治時期野台戲。

老歌仔

老歌仔是歌仔戲的初期型態，融合民間流傳的「歌仔」與「車鼓」，發展為「本地歌仔」。

內台歌仔戲

1920年代以後歌仔戲愈來愈受歡迎，而且進入戲院演出，同時收取門票，開啟內台歌仔戲時代。

廣播歌仔戲

1950年代以後，廣播電台紛紛成立廣播歌仔戲團，直接在錄音間錄製節目播出，在電視未普及的年代，吸引了廣大聽眾。

野台歌仔戲

野台歌仔戲是在廟會喜慶時，在戶外搭台演出。

▌野台歌仔戲。

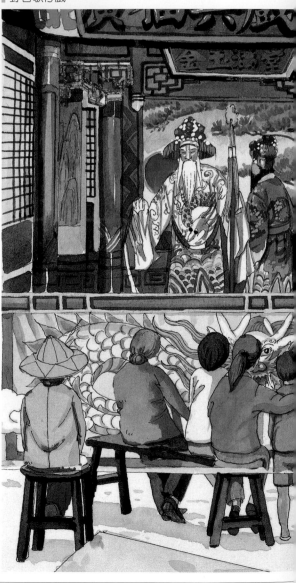

▌劇場歌仔戲。

電影歌仔戲

電影歌仔戲由陳澄三所創立，1955年以「拱樂社」為班底，將歌仔戲搬上大銀幕，首部作品「薛平貴與王寶釧」，由何基明導演。

電視歌仔戲

1960年代電視開播，歌仔戲進入電視台演出，從初期的舞台劇方式，發展成連續劇的方式，相當受到歡迎。

▌明華園歌仔戲團夜間演出。

劇場歌仔戲

1980年代以後歌仔戲開始進入國家戲劇院、社教館等大型劇場演出，朝向精緻化的方向發展，亦獲得廣泛的迴響。

音樂戲曲

客家戲曲

客家戲是在傳統三腳採茶戲的基礎上，吸收了其他劇種的元素，逐漸發展成的客家大戲。

三腳採茶戲。

三腳採茶戲

三腳採茶戲流行於客家地區，其主要角色有三人，包括一丑二旦，演出內容以滑稽為主。曲調包括採茶調、山歌以及其他小調，由於三腳採茶戲使用了很多不同的曲調，因此有「九腔十八調」之稱。

客家山歌

客家人在山間工作時常藉著歌謠來抒發情感，在山谷間對唱、問答，發展出富有地方特色的曲調，主要有老山歌、山歌子、平板三大類。

客家山歌表演。

二弦

客家八音

客家人因不斷地遷徙，走過許多地方，不斷的吸收各地的民間音樂，再加上自己特有語言文化，形成一種特殊的曲調，稱之為「客家八音」。其演奏形態分為「鼓吹」與「弦索」兩種。

鼓吹

鼓吹以嗩吶為主，以北管曲牌居多，小部分南管及其他地方音樂的曲牌。

弦索

弦索分為兩類，一為絲竹樂器合奏，另一則以嗩吶為主，絲竹樂器為輔，演奏內容大部分是民間小曲、傳統大曲、客家採茶戲、亂彈戲、歌仔戲等。

▌嗩吶。

嗩吶

揚琴

梆子

碗鑼

通鼓

等　特

音樂戲曲

布袋戲

布袋戲是一種用布偶來表演的傳統戲曲，起源於福建泉州，主要流行於閩南、潮州與台灣等地，其中以台灣最為蓬勃發展。

布袋戲後台師傅操弄戲偶，同時搭配口白表演。

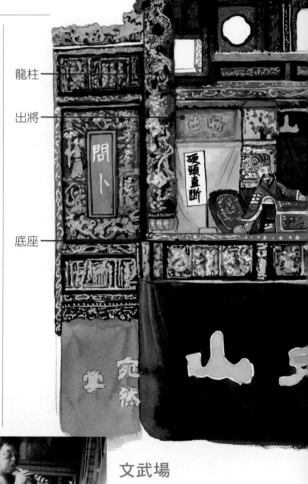

龍柱

出將

底座

口白

布袋戲師傅除了用手操偶表演外，還要身兼各個角色的口白和口技表演，是布袋戲表演的精髓所在。

肩擔戲台

古時候有一種戲台是由一個人扛在肩上，雙手操作戲偶，同時表演劇情和口白，可說是布袋戲的原始型態。

肩擔戲台。

文武場。

文武場

文武場是指後場的配樂，樂器分為文場和武場，文場是拉弦、彈撥、吹管等旋律樂器，武場是指鑼鼓等打擊樂器。

頂蓬

樓窗

入相

演出戲碼

屏布（交官屏）

彩樓戲台

傳統布袋戲戲台又稱「彩樓」，類似廟宇或宮殿造型。彩樓戲台是用木材精雕，通常底座、龍柱、頂蓬可拆卸組合。主舞台有三個出入口，右側為「出將」，左側為「入相」；中間掛著屏布(也稱「交官屏」，象徵「室內」或「入內」，上端繡著團名。表演者可透過屏布，觀看台前觀眾和戲偶的姿態。

布景式戲台。

戲台

早期的戲台是四角棚，裝飾及雕刻都較為簡單。後來發展出六角棚戲台，又稱作彩樓，其在舞台的左右前方各加一個斜面，吸引左右兩側的觀眾，使得戲台空間及視覺效果更加富有變化。現代則大多使用看板式的彩繪戲棚。

布景式戲台

布景式戲台或稱「彩繪戲台」、「金光戲台」，是目前比較常見的布袋戲戲台。戲台外觀是以彩繪龍飛鳳舞和宮殿廟宇的方式呈現，除了搭設在舞台上，也可以搭設在小貨車上，便於到各地演出。

音樂戲曲

功名在掌上

藝師把手伸入戲偶布身中，食指插進偶頭，姆指套入戲偶的半邊，再將另外三指放入另一半邊。戲偶的動作全靠五根手指操作，有時雙手各操弄一尊戲偶，或是用另外一手來輔助表演較複雜的動作。戲台上，書生、旦角的溫柔姿態，武夫勇將的激烈打鬥，都要靠藝師熟巧的手掌操作，生靈活現的表演出來。

戲偶

布袋戲又稱掌中戲，就是在手中搬演的戲。布袋戲偶是由頭冠、偶頭、布身、手腳和服飾組成，身高約三十公分。戲偶的頭是用木頭雕刻的，偶身的軀幹與四肢都是用布料做出的服裝，演出時師傅將手伸入戲偶的服裝中操偶表演。

■ 手執戲偶的布袋戲師傅。

電視布袋戲

1960年代以後，布袋戲躍上無線電視，以黃俊雄的「雲州大儒俠」最具代表性。1980年代以後，黃俊雄的兒子們，更開創了深受年輕人喜愛的霹靂布袋戲，將布袋戲推上無線電視以及電影的舞台。

■ 雲州大儒俠—史艷文是紅極一時的布袋戲明星。

金光布袋戲

戰後初期，台灣中南部流行金光布袋戲，金光戲的特色是布景非常華麗，戲服金光閃閃，並運用燈光或其他特效來增強武打的效果。

■ 霹靂布袋戲主角戲偶—素還真。

布袋戲偶部位及操作圖

頭冠

偶頭

手

服飾

腳

傀儡戲

廣義的傀儡戲原指所有的偶戲，狹義的則指懸絲傀儡，台灣的傀儡戲有南北兩派，分別唱南管和北管，在民間信仰中運用在「祭煞」的儀式，或演出扮仙戲。

資深魁儡演師林金鍊的「跳鍾馗」儀式。

■ 魁儡戲偶。

食指

姆指

其他三根手指

■ 皮影戲。

皮影戲

皮影戲又稱「皮猴戲」或「紙影戲」，音樂用潮調，戲偶用皮革雕刻而成，以竹籤操作，用燈光投射在布幕上演出。

索引
INDEX

》 參考書目

王嵩山 (2010)《台灣原住民》。遠足文化。

王健旺 (2003)《台灣的土地公》。遠足文化。

呂理政、夏麗芳 (1998)《遠古台灣的故事》。南天書局。

何傳坤 (1996)《台灣史前文化三論》。稻香出版社。

李匡悌 (2001)《恆春半島的人文史蹟》。墾丁國家公園管理處。

李亦興 (2006)《台灣的龍山寺》。遠足文化。

李秀娥 (2006)《台灣的生命禮俗—漢人篇》。遠足文化。

高佩英 (2006)《台灣的虎爺信仰》。遠足文化。

陳仕賢 (2006)《台灣的媽祖廟》。遠足文化。

陳柏州等 (2003)《台灣的地方新節慶》。遠足文化。

陳雨嵐 (2004)《台灣的原住民》。遠足文化。

黃丁盛 (2003)《台灣的節慶》。遠足文化。

黃士強 (1984)《台北芝山巖遺址發掘報告》。台北市文獻委員會。

黃柏芸 (2006)《台灣的城隍廟》。遠足文化。

張彥仲等 (2003)《台灣的藝陣》。遠足文化。

張崑振 (2003)《台灣的老齋堂》。遠足文化。

臧振華 (1999)《台灣考古》。藝術家出版社。

臧振華等 (2009)《台東縣長濱鄉八仙洞遺址調查研究計畫 (第一年) 研究報告》。
台東縣政府委託，中央研究院歷史語言研究所執行。

謝宗榮 (2006)《台灣的王爺廟》。遠足文化。

遠足文化 (2009)《歡喜客家節》。行政院客家委員會、遠足文化。

遠足文化 (2007)《去掛紙・遊桐花》。行政院客家委員會、遠足文化。

遠足文化 (2007)《謝平安・看戲去》。行政院客家委員會、遠足文化。

》 圖片來源

照片：本書照片除另有標註者外，均由遠足文化資料中心提供。

王嵩山(P50上、60、61、63、64、72、76、77、79下、80、81、82下)、王灝(P56)、林建豐(P55上、65、69、72上、74)、林文煌(P100、162下、167下、168上、117上)、林芳誠(P75)、廖俊彥(P62上、74下)、李匡悌(P16、17、18、19上、左下、24、41)、李孟勳(P172下、174左、175左)、蔡錫淵(P15上、73、74)、張運宗(P167)、謝宗榮(P133、160下、175上)、周敏煌(P66右上、67)、吳明梓(P18、19、25上、26、32、34、36、38、42、44、81、82、161、176、180)、林復(P91、96、112、113右、115下、116、117、118、130上、143右、144、152、153、182下、183上、184左、185中、下)

插畫：王顧明、王佩娟、王正洪、李亦興、吳淑惠、吳淑華、邱千容、高玉穎、蔡芸香、Oto、周珊瑢。

THE ILLUSTRAED ENCYCLOPEDIA OF TAIWAN CULTURE　新裝珍藏版

一看就懂 台灣文化

認識台灣民俗文化的第一本書

推　薦　王嵩山、李匡悌、洪麗完（依姓名筆劃排序）

編　著　遠足地理百科編輯組

攝　影　王嵩山、王灝、李匡悌、李孟勳、林文煌、林芳誠、林建豐、林復、吳明梓、周敏煌、張運宗、廖俊彥、蔡錫淵、謝宗榮、呂遊

編輯顧問　呂學正、傅新書

特約文編　李孟勳、唐橋

封面設計　汪熙陵

資深主編　賴虹伶

執 行 長　陳蕙慧

國家圖書館出版品預行編目(CIP)資料
一看就懂台灣文化 / 遠足地理百科編輯組作. -- 三版. -- 新北市：遠足文化, 2018.04 　面；　公分 新裝珍藏版 ISBN 978-957-8630-27-7(平裝) 1.臺灣文化 733.4　　　　　　　　107005376

・出　　版：遠足文化事業股份有限公司

・發　　行：遠足文化事業股份有限公司（讀書共和國出版集團）

・地　　址：231新北市新店區民權路108之2號9樓

・郵撥帳號：19504465 遠足文化事業股份有限公司

・電　　話：(02) 2218-1417

・信　　箱：service@bookrep.com.tw

・法律顧問 / 華洋法律事務所 蘇文生律師

・印　　製：呈靖有限公司

・出版日期 / 2018年4月（三版一刷）
　　　　　　2023年6月（三版十一刷）

・定價 / 399元

・ISBN 978-957-8630-27-7

・書號 1NDN0021